순교자 귀도 드 브레의 생애

세움북스는 기독교 가치관으로 교회와 성도를 건강하게 세우는 바른 책을 만들어 갑니다.

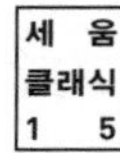

순교자 귀도 드 브레의 생애

벨직 신앙고백서 저자 귀도 드 브레의 삶과 신앙

초판 1쇄 인쇄 2024년 11월 15일
초판 1쇄 발행 2024년 11월 20일

지은이 I 강병훈
펴낸이 I 강인구

펴낸곳 I 세움북스
등 록 I 제2014-000144호
주 소 I 서울시 종로구 대학로 19 한국기독교회관 1010호
전 화 I 02-3144-3500
이메일 I holy-77@daum.net

교 정 I 이영철
디자인 I 참디자인

ISBN 979-11-93996-23-2 (93230)

세움
클래식
1 5

순교자
귀도 드 브레의
생애

벨직 신앙고백서 저자 귀도 드 브레의 삶과 신앙

강병훈 지음

Northfield
Dunstable
Dracut
Andover
Bradford
Tewksbury
Topsfield
Millers Riv.
I N C E
O F
E S
Groton
Sunderland
Narraganset
Billerica
M I D D L E S E X
W O R
Rutland
Bolton
Lexington
Hadley
Leicester
C E S T E R
Marlborough
Cambridge
Charlestown
Boston
Roxbury
Dorchester
Milton
Dedham
Medfield
A C H U S E T S
B
Sutton
Stoughton
Walpole
Wrentham
Bellingham
Uxbridge
Mendon
Easton
Boundary
Rhode Isl.
Norton
Willington
Raynham
Berkley
R H O D E
Rehoboth
Killingsly
Providence
B R I S T O L
I S L A N D
Barrington
Dighton
Windham
Dartmouth
Coventry
Warwick
P R O V I D
Portsmouth
Lebanon
Canterbury
Greenwich
Exeter
Norwich
Newport
K I N G S C O U N T Y
Richmond
South Kingston
Westerly
Thames R.

추천사

과거에 살았던 한 인물에 대한 전기를 오늘날 독자들에게 어떻게 전할 수 있을까요? 신뢰할 만 하면서도 읽기 쉽도록 쓴 전기에는 어떤 요소가 포함되어야 할까요? 귀도 드 브레의 생애와 그의 순교에 관한 최초의 전기는 장 크레스팽(Jean Crespin)에 의해 작성되었습니다. 그는 드 브레와 마찬가지로 저지대 남부 출신으로 아라(Arras)에서 태어난 사람이었습니다[아라는 드 브레의 심문관이기도 했던 리샤르도(François Richardot)가 주교로 있던 곳입니다]. 1550년에 제네바로 피난을 갔던 크레스팽은 거기서 출판업을 하기도 했는데, 칼뱅뿐 아니라 다양한 종교개혁자들의 글을 출판했으며, 자기 자신도 여러 저서를 집필했던 사람입니다. 대표적인 것이 1554년에 출판된 *Le Livre des Martyrs*(순교자 열전)인데, 1570년에 최종본이 출판될 때까지 계속해서 확장된 작품입니다. 이 책을 집필할 때 저지대의 순교자들에 대한 정보를 그에게 제공해 주던 사람 중 한 명이 바로 귀도 드 브레였습니다. 마침내 드 브레마저 처형되었다는 슬픈 소식을 접했을 때, 크레스팽은 그가 갖고 있던 드 브레의 마지막 원고를 출판하기로 마음을 먹고 드 브레의 생애와 죽음에 관한 이야기를 서문에 포함시켜 작성했습니다. 그리고 이 전기는 드 브레가 순교하고 1년이 지난 후인 1568년에 출판되었습니다.

하지만 크레스팽의 전기는 드 브레에 대한 완전한 정보를 담고 있지는 못했습니다. 단지 드 브레의 출생지, 저지대에서 개혁 교회가 받았던 박해에 관한 이야기, 그리고 드 브레가 그들을 위해 여러 곳에서 목회 사역을 감당했다는 것 정도가 담겨 있었습니다. 크레스팽은 드 브레의 재능과 연구에 대한 열정을 덧붙여 설명하면서, 그가 죽음을 앞둔 마지막 순간에도 자기 신앙의 확고함을 보여 주었다는 말로써 마무리 지었습니다. 크레스팽은 이러한 정보를 어떻게 얻을 수 있었을까요? 먼저는 그가 드 브레와 개인적인 친분이 있었다는 사실이 있겠지요. 또한 그는 드 브레에 대한 재판 문서를 참고하였습니다. 그리고 그의 처형을 목격한 사람들의 직접적인 증언을 수집했습니다. 이 모든 것들 때문에, 신뢰할 수 있는 역사적 기반이 마련된 것입니다.

그 이후로, 여러 역사학자가 「벨직 신앙고백서」의 주 저자로 여겨지는 귀도 드 브레의 생애를 연구해 왔습니다. 많은 역사적 사실이 알려졌고, 드 브레의 다양한 저술들이 편집되었으며, 오늘날에도 접근 가능한 비평적 판본 또한 출간되었습니다. 드 브레가 취했던 개혁파의 입장을 맥락 속에서 이해하도록 돕는 전기도 출간되어 왔지요. 그의 생애와 저술에 관한 연구는 프랑스어와 네덜란드어로 주로 작성되었고, 간혹 영어로 된 것들도 있습니다. 그러나 안타까운 것은, 주님께서 그의 교회에 주신 이 중요한 종교개혁자의 전기가 지금까지 한국어로는 작성되지 못했다는 데 있습니다.

하지만 이번에 (남과 북 모두의) 한국 교회가 개혁 교회의 목사이며 순교자인 귀도 드 브레에 관한 신뢰할 만하며 읽기 쉬운 전기를 자국의 언어로 갖게 된 것을 축하합니다. 한국어에 '아직' 숙달하지 못한 제가 이 책이 신뢰할 만하며 읽기 쉬운 책이라는 것을 어떻게 알 수 있겠습니까? 이 저자를 잘 알고 있기 때문에 그렇습니다. 저자는 네덜란드어와 프랑스어, 라틴어 자료를 참고하여 연구한 귀도 드 브레의 성찬론에 관한 박사 논문을 작성했습니다. 그의 역사신학적 연구는 구성과 스타일에 있어서 견고할뿐더러, 논문을 성공적으로 방어하기도 했습니다. 따라서 저는 저자가 주 예수 그리스도께서 그의 교회에 선물로 주신 16세기 신학자에 대한 최초의 한국어 전기의 저자가 될 자격이 충분하다고 생각합니다.

| 이어릭 더 부어 Erik A. de Boer _ 네덜란드 위트레흐트(구 캄펀) 신학대학교 명예교수, 헝가리 샤로슈퍼터크(Sárospataki) 개혁신학교 명예교수, 암스테르담 자유대학교 종교개혁사 전임교수 및 남아공 블룸폰테인(Bloemfontein) 프리스테이트 대학교(Free State University) 교부학 교수 역임

귀도 드 브레는 16세기 후반 저지대 지방에서 활동한 개혁파 종교개혁자로서, 그동안 국내에는 비교적 많이 알려지지 않았던 인물입니다. 특정한 도시인 로마의 주교좌가 세계 모든 교회 위에 있다고 주장하는 로마 가톨릭교회나 특정한 인물의 권위를 부각하는 듯한 루터 교회와 달리, 개혁 교회는 교회가 추구해야 할 방향을 자신을 일컫는 이름으로 선호해 왔습니다. 실제로 개혁 교회는 한 지역이나 한 인물이 아니라 여러 나라 여러 지역에서 활동한 다양한 인물들의 헌신과 사역을 통해 발전했다는 특징을 가지고 있습니다. 이 특징은 그리스도만을 머리로 삼고 다양한 지체들이 자신에게 맡겨진 역할을 충실히 감당하여 함께 몸을 온전히 세워야 한다는 성경의 가르침에 부합합니다.

개혁 교회의 이와 같은 유기적 특징과 그 발전 과정을 더 정확하게

이해하기 위해서는 개혁 교회의 역사 속에서 활동한 여러 인물의 활동과 사상을 더 광범위하게 종합적으로 연구하는 것이 바람직합니다. 이 연구는 현재 한국 장로교회에 대한 정당한 진단과 바람직한 발전을 위해서도 필수적인 작업입니다. 강병훈 박사의 드 브레 전기는 이와 같은 역사적이며 실천적인 요구에 대한 훌륭한 또 하나의 응답입니다.

이 전기는 16세기 말 프랑스어권 저지대 지방 개혁 교회 신자들이 아직 국가적 정체성을 확립하지 못한 상황 속에서 어떻게 하나님의 말씀에 순종해 신앙 공동체를 세우려 했는지 이해하는 데 도움을 줍니다. 개혁 교회의 다양한 발전 과정과 그 가운데 발견할 수 있는 일관된 신앙에 관하여 알고자 하는 신학생들 및 독자들에게 이 전기의 일독을 적극 권합니다.

| 김요섭 _ 총신대학교 신학대학원 역사신학 교수

그동안 한국에서 거의 연구되지 않았던 귀도 드 브레의 생애와 사상에 관한 책이 귀도 드 브레의 성찬론을 연구하여 박사 학위를 받은 강병훈 박사를 통해서 발간된 것은 한국 교회에 큰 축복이 아닐 수 없습니다. 저자는 이 책에서 드 브레의 생애를 소개하며 그 생애의 중요한 족적을 잘 짚어 줍니다. 특히 전공자답게, 자세한 설명과 함께 제공되는 다양한 정보는 읽는 이로 하여금 그 신빙성을 의심하지 않게 만듭니다. 무엇보다 이 책은 신학적인 입장에서나 한 신앙인의 삶에 대해서나 오늘 우리 시대의 한국 교회와 성도가 배우고 고민해야 할 많은 내용을 잘 담고 있습니다.

특히 자신의 육신적 안위를 추구하지 않고 복음과 진리를 수호하

기 위해 수고했던 그의 그리스도에 대한 사랑과, 자신의 고향이었던 저지대의 많은 사람들과 신앙의 형제자매들을 위해 헌신하도록 이끌었던 그의 용기 및 기독교적 형제 사랑은 드 브레의 생애 곳곳에 박혀 찬란하게 빛을 발하는 보석처럼 묘사되어 있습니다. 무엇보다 저자가 설명하는 드 브레의 삶은 그 자체로 개혁신학이 무엇인지를 우리에게 보여 줍니다. 진리를 지키기 위한 그의 타협 없는 삶은 자기 부인의 신앙이 점점 자리를 잃어 가고 있는 우리 시대 성도들의 가슴을 뜨겁게 합니다.

저자는 이 책에서 귀도 드 브레를 학문적으로만 소개하고 있지 않습니다. 그의 신앙과 사상을 누구나 이해할 수 있고 도전받을 수 있도록 소개하고 있습니다. 전 세계적으로 개혁 교회의 중요한 한 축을 담당하고 있는 네덜란드 개혁 교회의 신앙고백인 「벨직 신앙고백서」의 중요한 저자로서, 초기 개혁신학 연구에 매우 중요한 인물이라고 할 수 있는 귀도 드 브레의 생애와 사상을 다룬 이 책을 개혁파 신학에 관심이 있는 모든 이들에게 적극적으로 추천합니다. 무엇보다 이 책을 통해서 16세기 개혁파 신앙의 정수를 많은 독자들이 알게 되기를 바라고, 이 책이 식어 가는 한국 교회가 다시 온기를 되찾는 데 기여할 수 있기를 기도합니다.

| 김효남 _ 총신대학교 신학대학원 역사신학 교수

현대 그리스도인에게 신앙고백서는 어떤 의미가 있을까요? 우리가 반드시 주목해야 하는 것은, 교회와 성도 자신을 변호하고 교리의 일치를 공개적으로 표현하며 교리를 순수하게 보존하기 위해서는 신앙고백

서가 반드시 필요하다는 것입니다. 이런 맥락에서, 개혁주의 3대 신앙 고백서(Three Forms of Unity) 가운데 하나인 「벨직 신앙고백서」는 매우 중요합니다. 드 브레의 「벨직 신앙고백서」는 1561년 남부 네덜란드의 도르닉(Doornik, 프랑스어로는 투르네 Tournai)에서 처음 공개적으로 알려졌습니다. 그 이후 개혁 교회를 박해하던 스페인으로부터 몰수되는 수난도 겪었지만, 1571년 엠덴 총회(Reformed Synod at Emden)를 거쳐, 1619년 종교개혁 신학이 국제적으로 공인된 도르트총회(National Synod of Dort)에서 채택되었기 때문에, 「벨직 신앙고백서」는 오늘의 그리스도인도 반드시 알아야 할 신앙의 내용임이 틀림없습니다.

그러나 역설적으로 저자인 귀도 드 브레의 생애와 신학은 거의 알려지지 않았습니다. 드 브레가 종교개혁 시대에 신앙고백서를 작성했던 신학자 가운데 거의 유일한 순교자라는 것을 생각하면 드 브레와 「벨직 신앙고백서」에 대한 감동은 더욱 커질 수밖에 없는데도 불구하고, 현실은 안타까웠던 것이 사실입니다. 그런데 놀랍게도 최근 들어 새로운 변화가 생기고 있습니다. 빔 문(Wim H. Th. Moehn)이나 이어릭 드 부어(Erik A. de Boer) 등과 같은 네덜란드의 신학자들을 중심으로 드 브레의 대작인 *Le baston de la foy chrestienne*(신앙의 무기)가 출판되면서, 드 브레에 대한 관심이 높아지고 있습니다.

본서는 이와 같은 국제적인 연구 경향을 그대로 담아내고 있습니다. 네덜란드에서 유학한 국내 유일의 드 브레 연구자인 강병훈 박사가 국내 처음으로 소개하는 책이기에 그 기대가 더욱 큽니다. 세속화의 도전으로 흔들리고 있는 한국 교회와 목회자와 성도들이 본서를 통해서 큰 유익을 얻을 거라고 확신하며, 본서를 적극 추천합니다.

I 안인섭 _ 총신대학교 신학대학원 역사신학 교수

지역 교회에서 하나님의 말씀을 전하고 가르치는 목사로서, 「벨직 신앙고백서」의 저자인 귀도 드 브레의 삶과 그의 신앙에 관해 소개하는 강병훈 목사님의 책을 읽게 되어 매우 기쁩니다. 이 책에는 저자가 네덜란드에서 귀도 드 브레에 관해 연구하고 그가 사역했던 현장을 방문하면서 그의 삶의 여정을 따라간 흔적들이 고스란히 담겨 있습니다. 그 덕분에 약 500년 전에 유럽에서 여러 지역을 오가며 목회했던 한 목회자의 생애와 사역을 보다 생생하게 이해할 수 있게 되었습니다.

목회 현장에서 사역하면서 가장 안타까운 순간은, 우리가 고백하는 교리를 자신의 신앙고백이 아닌 '하나의 이론'으로 생각하는 분들을 만날 때입니다. 「벨직 신앙고백서」는 다른 신앙고백서들처럼 평화로운 시기에 몇몇 학자들이 모여 덕담을 주고받으며 시작해 점잖은 토론 끝에 작성된 문서가 아닙니다. 이 책을 읽는 분들은 「벨직 신앙고백서」가 얼마나 절박한 상황 속에서 기록되고 선포된 것인지 알 수 있을 것입니다. 뿐만 아니라, 이 책을 통해 "박해받는 성도들의 목사"였던 귀도 드 브레의 생애와 사역을 생생하게 들여다봄으로써 우리의 믿음과 신앙생활을 반추하게 될 것입니다. 더구나 그리스도의 몸 된 교회 성도들의 신앙을 최우선으로 삼았던 드 브레의 목회 철학은 목사들뿐만 아니라 교회 공동체를 섬기는 모든 직분자들에게도 큰 울림을 줄 것입니다. 보다 많은 분들이 이 책의 도움을 받아 「벨직 신앙고백서」를 바르게 읽고 묵상하며 스스로의 신앙을 올바르게 세워 나갈 수 있기를 바랍니다.

| 유성은 _ 네덜란드 로테르담 사랑의교회 담임목사

저는 2015년도에 「벨직 신앙고백서(Confessio Belgica)」 또는 「네덜란드 신앙고백서(De Nederlandse Geloofsbelijdenis)」의 성경관과 종말론에 관한 연구를 진행한 적이 있습니다. [이상웅, 『박형룡 신학과 개혁신학 탐구』(서울: 솔로몬, 2021), 403−435, 593−625]. 당시 국내에는 「벨직 신앙고백서」에 대한 관심이 희소하던 시기였기에, 거의 외국 자료들에 의존해서 연구할 수밖에 없었습니다. 따라서 초안자인 귀도 드 브레의 삶과 역사적 배경을 파악하고 정리하기 위해 화란어나 영어 자료들을 주로 의존할 수밖에 없는 처지였지요. 저는 드 브레의 생애와 순교의 이야기, 옥중에서 어머니와 아내에게 보낸 편지들을 보면서 깊은 감명을 받은 바가 있습니다. 그리고 여전히 가슴속에 큰 울림으로 남아 있습니다. 귀도 드 브레는 16세기에 산출된 수많은 개혁파 신앙고백 문서들 가운데 초안자가 피로 자기 문서에 사인을 한 유일한 이이고, 지하교회 사역자였기에 초상화 한 점조차 남지 않은 신앙의 용사입니다. 저 또한 기회가 된다면 귀도 드 브레의 생애와 신앙고백서에 대한 전문서적을 출간하고 싶다는 마음이 들기도 했으나, 조직신학 연구에 충실하느라 그럴 여유를 아직 얻지 못했습니다.

그러나 감사하게도 제자인 강병훈 목사가 캄펀(현재는 위트레흐트) 신학대학에서 이어릭 드 부어(Erik de Boer) 교수 지도하에 귀도 드 브레에 관한 연구로 석사와 박사 학위를 취득하는 과정을 지켜볼 수 있게 되었습니다. 저자는 국내에서 처음이자 아직은 유일한 귀도 드 브레 전문가로서, 이번에 간명하고 읽기 쉽게 드 브레의 삶을 소개하는 전기를 집필하고 출간하였습니다. 본서를 기쁜 마음으로 추천합니다. 본서에는 드 브레의 삶의 이야기와 관련된 삽화나 사진 자료를 포함하고 있습니다. 뿐만 아니라, 한글로는 소개되지 못했던 드 브레의 여러 저술들에 대한 해설과 아내에게 보낸 편지글을 소개해 주고 있기도 합니다. 지금껏 교회사나 신앙고백서 관련 문헌 속에서 거저 언급되고 지나치기만 했던 순교자 귀도 드 브레의 숭고한 삶의 이야기를 직접 손에 들고 읽어 보기를 모든 그리스도인에게 권합니다.

| 이상웅 _ 총신대학교 신학대학원 조직신학 교수

목차

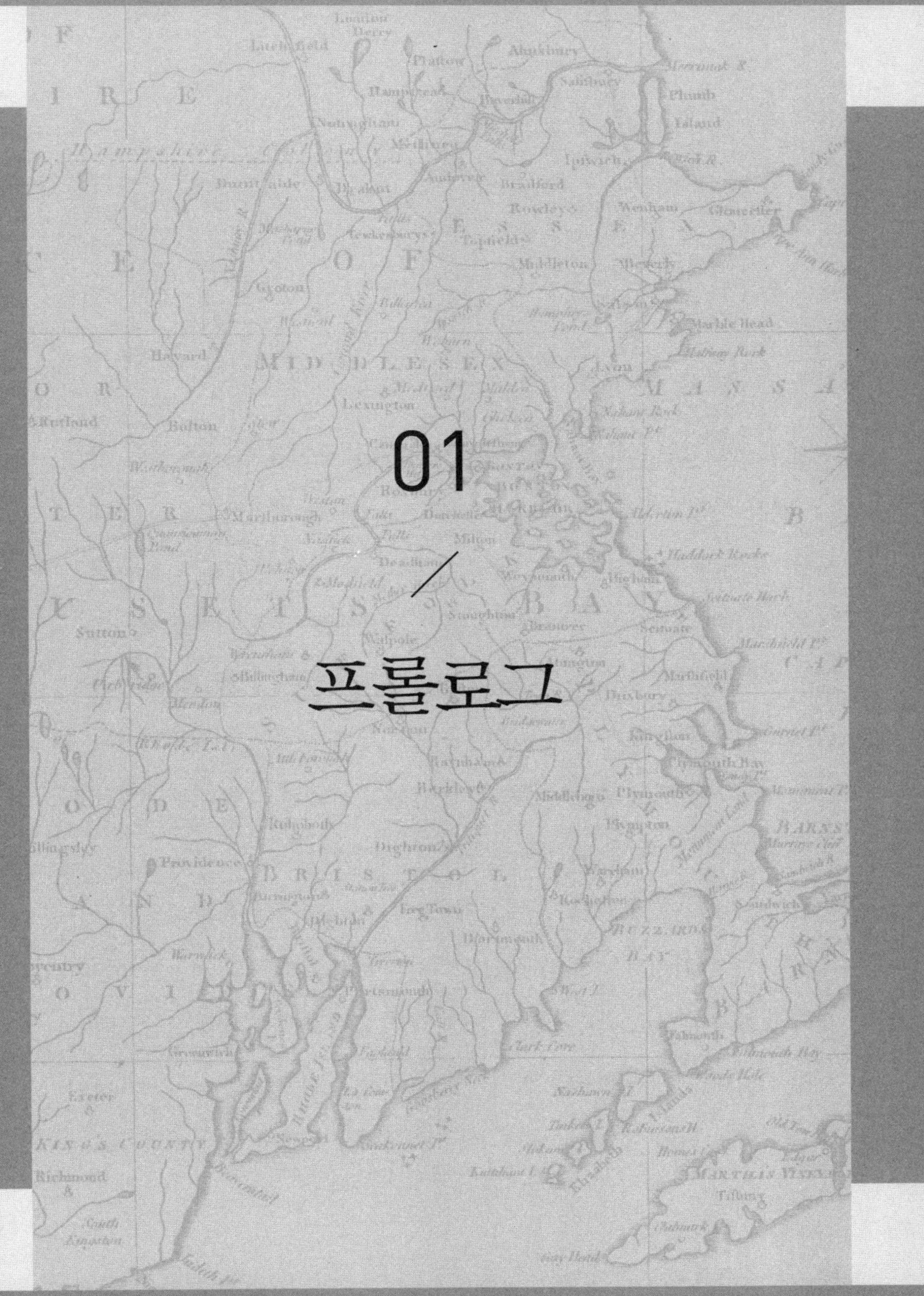

01 / 프롤로그

네덜란드 개혁신학을 논할 때 언제나 그 기준이 되는 문서들이 있다. 벨직 신앙고백서(The Belgic Confession, 1561)와 하이델베르크 교리문답(The Heidelberg Catechism, 1563), 그리고 도르트 신경(The Canons of Dort, 1619)이 그것이다. 1560년대 초반, 네덜란드 남부 지역(현 벨기에)에서 박해를 피해 비밀리에 활동하던 개혁 교회들은 그들의 연합을 확인하고 위기를 함께 타개하기 위해 수시로 모였다. 벨직 신앙고백서는 1561년에 작성되고 출판되었는데, 출판되고 보급된 직후부터 네덜란드 개혁 교회의 연합을 위한 공식 문서로 여겨졌다.

1618-1619년 네덜란드 도르트레흐트(Dordrecht)에서 열린 네덜란드 개혁 교회 총회에서는 벨직 신앙고백서와 하이델베르크 교리문답을 개혁 교회의 문서로 재확인했고, 개혁 교회 목사들에게 벨직 신앙고백서에 서명해야 하는 의무를 공식화했다. 또한, 항론파(the Remonstrants)를 배격하기 위해 작성된 도르트 신경과 함께, 이 세 문서가 네덜란드

개혁 교회의 공식 문서가 되었다.

한편, 1816년 이후 네덜란드 국가교회(de Hervormde Kerk)는 계몽주의와 자유주의의 영향으로 변질되어 갔고, 이에 반감을 품고 있던 이들이 1834년, 국가 개혁 교회로부터 분리(de Afscheiding)하여 새로운 개혁 교회(de Gereformeerde Kerk)를 형성하였는데, 이때 분리해 나온 성도들이 그들의 신앙의 기준으로 삼았던 것이 또다시 벨직 신앙고백서와 하이델베르크 교리문답, 도르트 신경이었다. 1886년, 아브라함 카이퍼(Abraham Kuyper, 1837-1920)가 국가 개혁 교회로부터 분리해 나올 수 밖에 없는 애통(de Doleantie)을 외칠 때도, 앞서 말한 세 문서를 '우리가 돌아가야 하는 기준점'으로 삼았다. 이처럼 네덜란드 개혁 교회에서 이 세 문서는 그들의 신앙적 위치가 어디에 있는가를 돌아볼 때마다 그 기준이 되는 문서였다. 그중에서도 벨직 신앙고백서는 그들이 믿는 바가 무엇인지를 서술하고 있기에 네덜란드 개혁 교회 신앙의 근간이 되는 문서라 할 수 있다.

벨직 신앙고백서를 작성한 사람, 귀도 드 브레(Guido de Brès, 1522-1567)는 네덜란드 남부 지역(현 벨기에 남부 지역) 일대에서 활동하던 종교개혁자로, 스페인에 의해 핍박받던 조국의 개혁 교회를 섬기는 데에 그의 온 인생을 바쳤던 목회자였다. 20대 중반에 개혁 신앙을 받아들인 드 브레는, 평생을 그의 조국에 있는 성도들을 가르치고 섬기는 일에 헌신하다가 45세의 나이로 순교했다. 그는 개혁 신앙이 성경이 말씀하는 바를 가장 잘 이해하는 신앙이라 확신했기에 그의 조국에 '성경적인' 개혁 교회를 세우는 것을 자신의 사명으로 여겼다.

드 브레 목사는 벨직 신앙고백서 외에도 여러 저작을 남겼다. 그중 대표작을 꼽으라면, 1555년에 초판이 출판된 『기독교 신앙의 무기』(*Le baston de la foy chrestienne*)와 1565년에 출판된 『재세례파의 뿌리와 기원 및 기초』(*La racine, source, et fondement des Anabaptistes*)를 들 수 있다. 전자는 '로마 교회는 사도와 교부의 전통에 서 있는 반면 개혁 교회는 신생 교회일 뿐'이라는 주장에 반박하기 위해 교부들의 글과 성경 인용문을 주제별로 엮은 선집이고, 후자는 재세례파를 반박하기 위해 기록한 약 900페이지 가량의 두꺼운 책이다. 이 두 저서 모두 개혁 교회 성도들을 바른 개혁 신앙으로 무장시키기 위한 목적으로 기록되었다. 그에게 로마 교회는 하나님의 말씀을 왜곡하는 거짓 교회였다. 마찬가지로 성경을 왜곡하는 재세례파도 참교회일 수 없었다. 드 브레는 개혁 교회가 믿는 바가 무엇인지, 개혁 교회가 로마 교회와는 무엇이 다르고, 또 재세례파와는 무엇이 다른지 그의 성도들에게 가르치는 일에 평생을 바쳤다.

개혁 신앙을 변호하고 개혁 교회 성도들을 가르치는 드 브레의 사역은 가혹한 박해 가운데 이루어졌다. 당시 네덜란드는 합스부르크 제국에 속해 있었는데, 이미 독일의 영토에서 루터에게 동조하는 제후들로부터 한 차례 충격을 받은 카를 5세 황제는 네덜란드 영토만큼은 개신교도들에게 넘어가지 않게 하려고 최선을 다했다. 1523년 7월 개신교의 첫 순교자가 발생한 곳도 네덜란드(현 벨기에)의 브뤼셀이었고, 네덜란드는 종교개혁 기간에 서유럽에서 가장 많은 박해와 핍박이 이루어진 지역이었다. 1556년, 스페인 왕으로서 네덜란드 영토를 물려받은 그의 아들 펠리페 2세도 네덜란드가 오직 로마 교회로 통일되는 방향으로 종교 정책을 펼쳤다. 그에게 개신교도는 그의 왕국을 분열하는 반역자일 뿐이었고, 그의 통치하에서 개혁 교회는 끊임없이 박해의 대상이 되었다.

드 브레가 돌보았던 성도들은 바로 그러한 박해 가운데 있는 성도들이었다. 로마 교회와 다른 신앙을 갖고 있다는 것이 발각되면 끌려가 심문을 받아야 했고, 심한 경우 온 가족이 공개적으로 처형을 당했다. 이런 상황 속에서 드 브레의 사역은 개혁 교회 성도들의 신앙이 성경에 근거하고 있음을 변호하는 것이었다. 그의 성도들로 하여금 개혁 교회의 신앙이 새롭게 발생한 이단이 아니라, 오히려 로마 교회의 전통이 비(非)성경적인 고안물임을 당당하게 설파할 수 있도록 돕는 것이었다. 그러나 동시에 드 브레는 로마 교회가 거짓 교회라 해서 무질서하고 폭력적인 방법으로 그것을 무너뜨리는 것은 성경적인 개혁 신앙의 모습이 아님을 보여 주려고 노력하였다. 그의 생각에 개혁신학의 교리들은 결코 비합리적이거나 무질서하거나, 혹은 폭력적인 것으로 나타날 수 없었다. 그래서 그는 그런 방식으로 신앙의 자유를 획득하려는 극단적인 무리와 분명한 선을 그었고 그의 성도 중에 흥분을 이기지 못하고 무질서한 방법으로 위정자들에게 반기를 들려는 자가 있다면 그것은 성경적인 개혁 신앙이 아니라고 가르쳤다.

그러나 개혁 교회가 반란군이 아니라고 변호하고자 했던 그의 노력은 실패했다. 피난을 거듭하며 꿋꿋이 개혁 교회를 섬기던 그는 결국 1567년 3월, 반역의 죄목으로 붙잡히고 말았다. 하지만 그는 감옥에서도 개혁 교회를 변호하는 일과 성도들을 가르치는 일을 멈추지 않았다. 감옥에 갇힌 드 브레를 보기 위해 수많은 로마 교회 인사들이 찾아왔고, 드 브레는 그들을 향해 당당하게 개혁 신앙을 변호했다. 죄수의 신분으로 심문을 받으면서도 죽음을 두려워하기보다는 앞으로 자신과 같은 상황에 놓일 그의 성도들을 더욱 걱정했다. 그래서 죽음의 문턱에서도 자신의 양떼를 바른 신앙으로 무장시키기 위한 글을 작성했다. 그렇게, 그에게 주어진 양떼를 온 마음으로 사랑하며 종교개혁자와 목회자의 길을 걸어가던 드 브레는 결국 1567년 5월 31일, 그가 사랑하던 성도들이 보는 앞에서 순교자가 되었다.

필자의 학위논문 지도교수였던 이어릭 더 부어(Erik A. de Boer)는 드 브레가 오랫동안 잊혀 온 것을 안타까워하며 그 이유가 무엇일까 물은 적이 있다. 45세에 순교하여 사역의 기간이 비교적 짧았던 탓일까? 아니면 핍박 속에 평생을 이리저리 도망치며 살았기에 칼뱅의 제네바와 같이 강력한 근거지를 만들 수 없었기 때문일까? 드 브레는 네덜란드 개혁신학의 근간이 되는 벨직 신앙고백서를 저술한 인물임에도 다른 종교개혁자들에 비해 주목을 받지 못했다. 다행히 한국 교회에도 벨직 신앙고백서 출판 450주년(2011년)을 기점으로 벨직 신앙고백서에 대한 관심이 생기기 시작했다. 이제는 그 저자인 귀도 드 브레의 삶에도 주목할 때가 되었다. 개혁 신앙을 받아들인 후에, 그의 조국의 성도들에게 개혁 신앙을 전하고 가르치기 위해 평생을 사역하고, 개혁 신앙을 위해 목숨까지 바친 드 브레의 삶 이야기가 개혁신학을 사랑하는 이들에게 본보기가 될 수 있기를 소망한다. 특히, 그의 성도들에게 '바른' 신앙을 가르치는 것을 가장 중요한 사명으로 여겼던 그의 모습은 오늘날 목사의 사명이 무엇인지 고민하는 이들에게 큰 도전을 줄 것이다. 더 나아가, 진지하게 공부하고 고민한 끝에 개혁 신앙이 가장 성경적이라고 결론을 내린 뒤에는 그 신앙을 자신의 목숨보다도 소중하게 여겼던 드 브레의 삶이 바른 신앙과 참된 예배를 갈망하는 성도들에게도 감동과 모범이 될 수 있기를 소망한다.

02

/

드 브레가 살았던 시대(1522-1567년)와 장소(저지대)

귀도 드 브레의 삶을 들여다보기에 앞서 그가 살았던 시대와 장소에 대한 배경을 이해하는 것이 필요하다. 그가 활동했던 곳은 '저지대'(低地帶, the Low Countries)였다. 드 브레는 자신의 조국을 종종 '낮은 땅(Pays-Bas)'이라고 표현하곤 했다. 물론 이 단어를 네덜란드로 번역해도 큰 문제는 없지만 지금의 네덜란드(the Netherlands)와 구분하기 위해 본 저서에서는 '저지대'라는 용어를 사용하려 한다.

지금의 네덜란드와 벨기에, 룩셈부르크, 그리고 프랑스 북부 지역을 아우르는 당시의 저지대는 역사적으로 '하나의 나라'가 아니었다. 이 지역들이 중세 시대에 부르고뉴(Burgundy) 공작의 지배 아래 있었지만 하나의 정치적 체제로서 존재한 것은 아니었다.[1] 1515년, 카를 5세(Charles V, 1500-1558)가 이 지역의 통치권을 물려받고, 그 결과 저지대

---

1 저지대의 모호한 정체성에 대해서는 Christine Kooi, *Reformation in the low countries*, 1500–1620 (Cambridge, United Kingdom; New York, NY: Cambridge University Press, 2022), 15–26과 Peter Arnade, *Beggars, iconoclasts, and civic patriots: the political culture of the Dutch Revolt* (Ithaca: Cornell University Press, 2008), 12–49를 참고하면 좋다.

가 이제는 합스부르크 왕가의 지배 아래 놓이게 되었을 때도 저지대는 통일된 단위로 존재하지 않았다. 황제는 이 지역을 하나의 덩어리로 묶어 놓고 싶어 했지만 역사적으로 독립성을 유지하며 지내온 각 지방을 통일된 형태로 묶는 것은 쉬운 일이 아니었다. 남부와 북부의 언어도 다를뿐더러, 언어의 문제가 아니더라도 각 주(province)는 전통적으로 지켜져 오던 그들의 자치 형태를 선호했다. 물론 주 의회, 왕실 의회, 재정부 의회 등의 기관을 통해 협치가 이루어졌지만, 각 주의 위정자들은 그 속에서도 자치권이 훼손되는 것을 원치 않았다.[2]

카를 5세(Charles V, 1500-1558)

2 의회를 통한 협치와 자치에 대해서는 Arnade, *Beggars, iconoclasts, and civic patriots*, 56을 참고하라.

바로 이러한 특성, 즉 네덜란드의 통치권을 갖고 있던 황제와 국왕(1555년 이전에는 카를 5세 황제, 이후에는 스페인 국왕 펠리페 2세)은 저지대를 통일된 형태의 단위로 통치하고 싶어 했지만 각 지방의 귀족들은 그들의 정치적 권한이 유지되는 자치를 선호하던 이 긴장이 저지대의 종교개혁과 네덜란드 독립전쟁을 설명하는 중요한 요소가 된다.

루터의 등장과 활약은 신성 로마 제국의 통일성을 위협했다. 루터를 지지하는 제후들은 그를 보호하는 것을 넘어 이제는 전쟁을 치르는 것까지 감수했다. 황제는 1547년, 슈말칼덴 동맹군을 물리치는 데 성공했지만, 그의 제국을 하나의 종교로 통일시키고자 했던 그의 염원을 이루어 내는 데는 실패했다. 루터를 지지하는 세력을 끝내 막아내지 못한 황제는 그 분열의 불길이 그의 다른 통치 영역에까지 번지는 것을 막아야 했다. 저지대 만큼은 '하나의 종교'를 유지하고자 했던 그의 소망은 저지대에 극심한 종교적 박해를 일으켰다.

1555년, 아우크스부르크(Augsburg)에서 루터의 종교를 공식적으로 인정한 뒤 카를 5세는 황제의 자리에서 내려왔다. 이제 신성 로마 제국의 통치권은 그의 동생 페르디난트 1세(Ferdinand I, 1503-1564)에게 돌아갔고 저지대의 통치권은 스페인 왕위와 함께 그의 아들 펠리페 2세(Felipe II, 1527-1598)가 물려받게 되었다. 저지대만큼은 하나의 종교 체계를 유지하고자 했던 황제의 바람은 그의 아들에게 그대로 계승되었다. 아버지가 신성 로마 제국에서 실패했던 그것을 펠리페 2세는 자신

독일의 아우크스부르크. 1530년, 황제 앞에서 아우크스부르크 신앙고백서가 낭독되던 장소

의 통치 영역에서는 결코 실패하고 싶지 않았다. 헨트(Ghent, 현 벨기에)에서 태어나 저지대에 익숙했던 아버지와 달리 펠리페 2세는 그의 누이 마가렛(Margaretha van Parma, 1522-1586)을 섭정으로 두며 스페인에만 거주했다. 그에게는 저지대의 독특한 정치적 형태와 종교적 관용의 필요성에 대한 이해심이 부족했다. 섭정의 중재에도 불구하고 가혹한 박해의 법령을 지속적으로 내려 저지대에 퍼진 이교의 뿌리를 박멸하고자 했다.

저지대의 종교적 박해는 이러한 정치적 배경 속에서 이해되어야 한다. 루터의 종교개혁의 불길은 저지대에도 급속하게 번졌다. 1520년대 초 루터의 글들은 출판된 직후에 네덜란드어와 프랑스어로 번역되어 저지대에 퍼지기 시작했고 저지대의 수많은 이들이 루터의 저작들을 함께 공부하며 토론했다.[3] 이런 상황 속에서 저지대의 브뤼셀 광장에서 1523년 7월 1일, 종교개혁 역사상 첫 개신교 순교자들이 발생했고,[4] 이것을 시작으로 저지대에는 종교개혁 기간에 박해와 처형이 끊이지 않았다. 황제와 스페인 국왕은 로마교 외에 그 어떤 종교적 모임도 엄격하게 금하며, 신교적 색깔의 책을 소유하고 있다는 것만으로도 극심한 박해를 가했다.[5] 1540년대에는 종교재판소를 설치하여 이단을 색출하고 척결하는 작업을 조금 더 쉽게 만들기도 했다.[6] 1523년 여름부터 1566년 여름까지 저지대에서 공식적으로 종교적 이유로 처형된 이들은 1,300여 명에 달했고, 이는 서유럽에서 종교적 처형에 관한 공식 집계 중 40%에 이른다고 한다.[7] 그만큼 저지대의 종교개혁은 순교의 피로 얼룩진 현장이었다.

---

3 네덜란드 내의 루터의 영향에 대해서는 Herman J. Selderhuis, "Martin Luther in The Netherlands," *Reformation & Renaissance Review* 21/2 (2019): 142–153을 참고하라.

4 Jonathan Irvine Israel, *The Dutch Republic: its rise, greatness, and fall, 1477-1806* (Oxford: Clarendon Press, 1995), 82.

5 황제의 종교 박해에 관한 법령들에 대해서는, Victoria Christman, *Pragmatic toleration: the politics of religious heterodoxy in early Reformation Antwerp, 1515-1555* (Rochester, NY: University of Rochester Press, 2015)를 참고하라.

6 Israel, *The Dutch Republic*, 99.

7 Alastair Duke, "The 'Inquisition' and the Repression of Religious Dissent," in Judith Pollmann and Andrew Spicer (eds.), *Dissident Identities in the Early Modern Low Countries* (Farnham, England; Burlington, Vt.: Ashgate Publishing, 2009), 100–101.

벨기에 브뤼셀 시청 앞 광장, 1523년 7월 첫 프로테스탄트 순교자가 처형된 장소

1523년 7월 1일, 브뤼셀 시청 앞 광장에서 처형된 얀 판 에센(Jan van Essen)과 헨드릭 포스(Hendrik Vos)

종교 박해를 시행하는 과정에서 스페인 국왕과 저지대의 귀족들은 계속해서 갈등을 빚었다. 물론 스페인 국왕과 맞선 귀족들이 신교의 신앙을 지지했기 때문은 아니었다. 그들이 종교 박해 정책에 불만을 품었던 이유는 개신교도들이 종사하는 영역과 그들을 통해 외국에서 유입되는 상업적인 이익 때문에 그들을 엄격하게 대할 수 없었다는 이유도 있었지만,[8] 무엇보다도 강압적인 종교 박해 정책이 그들이 그토록 지키고 싶어 하는 자치권의 영역을 침범했기 때문이다. 펠리페 2세의 종교정책은 저지대 귀족들의 심기를 계속해서 건드렸다. 여러 가지 중재와 노력에도 불구하고 그들의 갈등은 봉합되지 않았고, 결국 1566년에 폭발하여 길고 긴 네덜란드 독립전쟁으로 이어졌다. 즉, 네덜란드 종교개혁을 이해할 때 가장 핵심적인 요소는 '박해'이다. 박해를 빼놓고서는 저지대의 개혁 교회를 이해할 수 없다.

저지대의 종교개혁자 귀도 드 브레는 바로 이런 박해의 시대를 살았다. 그는 루터의 종교개혁이 시작되고 그의 글이 서유럽 전역에 퍼지기 시작했던 1520년대 초에 태어나, 네덜란드의 귀족들이 칼뱅주의자들과 손을 잡고 일으켰던 독립전쟁(1568-1648)이 본격적으로 시작되려 할 때에 순교했다(1567년 5월 31일). 그의 삶을 이해하기 위해 조금 더

---

8 상업적인 이익 때문에 종교 박해 정책을 반기지 않았던 귀족들에 대해서는 Guido Marnef, *Antwerp in the Age of Reformation: Underground Protestantism in a Commercial Metropolis (1550-1577)*, J. C. Grayson (transl.) (Baltimore: Johns Hopkins University Press, 1996)을 참고하면 좋다.

범위를 좁혀 보자. 명확한 구분은 아니지만 당시 저지대는 프랑스어를 사용하는 남부 지역(현 벨기에, 왈롱 지역)과 네덜란드어를 사용하는 북부 지역(현 네덜란드)을 포함하는 개념이었다. 드 브레는 프랑스어를 사용하던 저지대인으로서 현재 벨기에 남부에 있는 몽스(Mons)에서 태어나 평생을 저지대 남부에서 사역하다가 순교하였다.

그렇다면 드 브레는 벨기에 사람이었는가? 우리는 왜 그와 그의 성도들의 신앙고백을 벨직 신앙고백서라고 부르는 것일까? 벨직 신앙고백서의 원제목은 '저지대 신자들의 일치된 신앙고백'(Confession de Foy, faicte d'un commun accord par les fideles qui conversent és pays bas)이다. 1561년 초판에는 위정자들에게 저지대 개혁 교회를 변호하는 탄원서가 함께 실렸는데, 드 브레는 그 제목을 '플랑드르(Flanders), 브라반트(Brabant), 에노(Hainaut), 아르투아(Artois), 그리고 릴(Lille)과 인근 지역들의 탄원서'라고 붙였다. 이를 통해 그가 활동하던 저지대, 혹은 그가 생각하던 조국의 범위를 알 수 있다. 이 지역들은 왈롱(Wallon)이라고 부르는 프랑스어권의 저지대 지역인데, 이 지역을 부르는 더 오래된 전통 지명이 벨지카(*Belgica*)였기에 이 신앙고백서를 벨직 신앙고백서(라틴어로 *Confessio Belgica*)라고 부르게 되었다. 즉, 드 브레와 근대 국가 벨기에는 아무런 관련이 없다. 따라서 벨직 신앙고백을 우리말로 '벨기에 신앙고백'이라고 번역하는 것은 적절하지 않지만, 저지대 남부 지역의 전통 명칭을 따서 콘페시오 벨지카(*Confessio Belgica*)라고 부르는 것은 틀

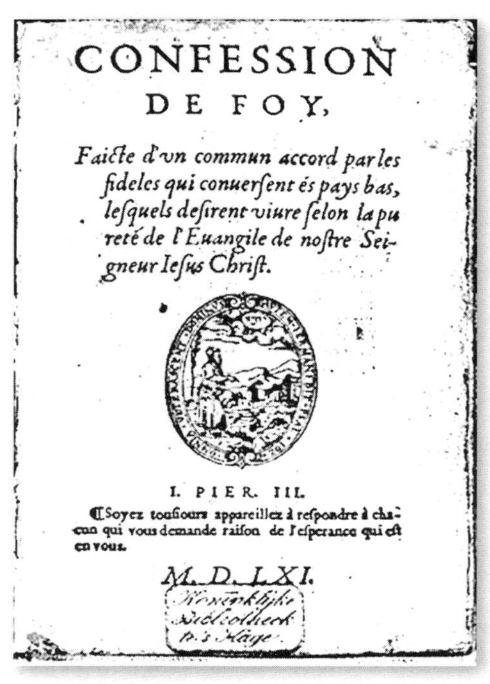

CONFESSION
DE FOY,

Faicte d'vn commun accord par les ſideles qui conuerſent és pays bas, leſquels deſirent viure ſelon la pureté de l'Euangile de noſtre Seigneur Ieſus Chriſt.

I. PIER. III.

¶Soyez touſiours appareillez à reſpondre à chacun qui vous demande raiſon de l'eſperance qui eſt en vous.

M.D.LXI.

벨직 신앙고백서 1561년 초판 표지

린 것이 아니기에 '벨직 신앙고백서'라고 부르는 것은 적절하다. 또한, 초판이 출판된 직후 1562년 네덜란드어로도 번역되어 네덜란드 개혁교회의 표준 문서가 되었기 때문에 '네덜란드 신앙고백서'라고도 부르는 것도 괜찮다. 조금 더 정확히 표현하자면 '저지대 신앙고백서'가 되겠지만, 국내의 학계와 교계에서 이미 통용되고 있는 '벨직 신앙고백서'라는 명칭을 일관되게 사용하는 것이 적절할 것이다.

드 브레는 에노주의 주도였던 몽스(Mons)에서 태어나 플랑드르 지역, 즉 안트베르펜(Antwerpen)과 투르네(Tournai), 그리고 릴(Lille) 지역에서 사역하다가 다시 에노주에 속한 발랑시엔(Valenciennes, 현 프랑스)에서 순교하였다. 즉, 프랑스어를 사용하는 남부 저지대가 드 브레의 고향이고 사역지였으며 순교지였다.

종교개혁 시기에 그 어느 지역보다도 핍박이 심했던 저지대에서 목회자로 활동했던 드 브레의 사역 목표는 무엇이었을까? 루터를 지지하는 세력을 끝내 물리치지 못했던 황제에 이어 저지대를 다스리게 된 스페인 왕은 저지대를 '이교도'로부터 지켜 내는 일을 그의 아버지보다도 더욱 절실한 과제로 삼았다. 이 과정에서 저지대 귀족들의 정치적 불만이 고조되고 있었다. 이런 정치적 종교적 긴장 관계에서 드 브레가 할 수 있는 일은 무엇이었을까? 박해받는 성도들의 목사는 그들을 위해 무엇을 했고, 무엇을 공부했으며, 무엇을 가르치다가 개혁 교회의 순교자가 된 것일까? 이제 그의 삶을 들여다보자.

03

드 브레의 유년 시절: 로마 교회의 오류를 깨닫다

(1522-1548, Mons)

| 유리 도장공 드 브레 |

귀도 드 브레는 1522년경, 현재 벨기에 남부에 있는 에노(Hainaut) 주의 도시 몽스(Mons, 네덜란드어로 Bergen)에서 한 가정의 다섯째 아들로 태어났다. 드 브레를 표기하는 방법은 Guido de Bray, Guido de Brès, Guy de Brès, Guy du Bray 등 다양하다. 이 이름들 모두 당시 그의 저

몽스 생 와우드루(Sainte-Waudru) 성당에 있는 스테인드글라스

서나 다른 자료들에 나타나는 표기법이기에 어떤 방식으로 드 브레를 부른다고 해도 틀린 것은 아니다. 다만 그의 자필 서명이 남아 있는 손편지에 드 브레가 자신의 이름을 Guy de Brès로 서명했기에 그를 '기 드 브레'라고 불러 주는 것이 타당할 것이다. 그러나 국내의 발음 문제나 이미 통용되고 있는 표기법을 고려하면 국내에서는 '귀도 드 브레'라고 통일하여 부르는 것이 적절할 것이다.

벨기에 몽스에 있는 귀도 드 브레 길

유리 도장공(스테인드글라스 기술직)을 하던 그의 아버지를 따라 드 브레는 유리에 그림을 그리는 일을 배우며 자랐다. 몽스는 우리나라의 산지나 언덕에 비할 정도는 아니지만 그 이름이 뜻하듯이 주변 도시에 비해 높은 언덕으로 되어 있다.

몽스의 광장

마을 중심 광장에서 언덕길로 올라가다 보면 8세기 수녀인 와우드루 드 몽스(Waudru de Mons)를 기리기 위해 15세기에 지어진 교회를 만날 수 있다. 경건하게 신앙생활을 하던 드 브레의 가족들은 성실하게 그 교회에 출석했을 것이다. 교회 내부는 화려하게 장식된 스테인드글라스 유리창으로 가득한데, 유리 도장공이었던 드 브레가 자신이 출석하던 교회 유리창에 그려진 화려한 그림들을 보며 유리에 그림 그리는 일을 연습하는 모습을 어렵지 않게 상상할 수 있다. 훗날 감옥에 갇혀 처형을 기다리는 중에 드 브레가 어머니에게 쓴 편지는 그가 어떤 가정 환경에서 자랐는지 짐작할 수 있게 해 준다.

"사랑하는 나의 어머니, 제가 감옥에 갇혔다는 소식이 어머니를 얼마나 슬픔에 잠기게 했을지 짐작조차 할 수 없습니다. … 하지만 하나님께서 하나님의 선하신 의지로 저에게 영광스러운 일을 맡기셨다는 사실이 어머니에게 위로가 되기를 원합니다. 어머니께서 저를 배 속에 가지셨을 때 몽스 거리에 이탈리아 예수회 성직자가 설교하러 온 적이 있다고 말씀해 주신 것이 기억이 납니다. 그때 어머니께서는 '저의 태중에 있는 아이가 저 사람처럼 하나님의 말씀을 전하는 사람이 되게 해 주소서'라고 기도하셨지요. 그리고 하나님께서 응답하시기를 어머니께서 기도하신 것보다 더욱 풍성히 들어주겠노라고 하셨다 했지요? 어머니께서는 저를 그 예수회 성직자처럼 되게 해 달라고 기도하셨지만, 하나님께서는 저를 예수회와 같은 분파가 아니라 진정으로 예수님을 따라 살며 그리스도의 참된 말씀을 전하는 설교자로 만들어 주셨습니다."[1]

드 브레의 어머니는 독실한 로마 교회 신자였다. 마을 거리에 찾아왔던 예수회 성직자의 설교를 들으며 자신의 태중에 있는 아이가 그처럼 하나님의 말씀을 전하는 사람이 되기를 간절히 기도하던 여인이었다.[2] 그리고 그 이야기를 유년 시절의 드 브레에게 계속 들려주었을 것

---

1 Samuel Cramer and Fredrik Pijper (eds.), *Bibliotheca Reformatoria Neerlandica*, 8e deel ('s–Gravenhage: Nijhoff, 1911), 628–629. 이후로는 *BRN*으로 표기함.

2 드 브레가 어머니의 태중에 있을 때에는 아직 예수회가 존재하지 않았다. 몽스에 찾아 왔던 성직자는 로마교회의 한 수도사였을 것이다. 그러나 1567년 드 브레가 감옥에 갇혔을 때 예수회는 로마교회의 반동종교개혁에 앞장설 만큼 영향력 있는 단체였다. 아마도 드 브레는 로마교회

이다. 하나님께서 그때 나의 기도에 응답해 주신다고 하셨다며, 너는 예수회의 설교자처럼 하나님의 말씀을 전하는 사람이 될 것이라고 어린 시절의 드 브레를 북돋아 주었을 것이다.

하지만 그의 부모가 드 브레를 설교자로 키우기 위해 다른 형제들과 구별되는 교육을 시켰을 가능성은 작다. 그의 아버지는 유리 도장공이었고, 드 브레도 다른 형제들처럼 유리 도장공의 가업을 잇기 위해 기술을 배우며 자랐다. '예수회 사제'가 되기 위해 특별한 전문 교육을 받거나 혹은 다른 학문을 하기 위해 인문학적 교육을 받지는 못했을 것이다.

| 드 브레의 회심 |

매우 경건한 로마 교회 신자였던 부모님 슬하에서 유리에 그림을 그리는 기술을 배우며 자랐을 드 브레가 어떻게 종교개혁의 길로 들어서게 됐을까? 드 브레와 동시대를 살며 순교자에 대한 기록 문서를 작성했던 장 크레스팽(Jean Crespin, 1520-1572)은 드 브레가 "지속적인 성경 읽기를 통해 복음의 진리에 이르게 되었다"라고 알려 준다.[3] 그의 이 짧은 증언 외에는 드 브레의 회심에 대한 증거가 남아 있지 않다. 하지만 드 브레의 성품이나 기질을 고려해 볼 때 드 브레가 지속적인 성

의 열성분자를 예수회라고 통칭하고 싶었는지도 모른다.

3 Jean Crespin, *Histoire des martyrs*, t. 3 (Toulouse: Sociéte des Livres Religieux, 1889), 581.

경 읽기를 통해 회심하게 되었다는 크레스팽의 증언은 간결하지만 정확한 증언이었을 것이다. 순교의 죽음을 앞두고 감옥에서 심문받던 드 브레는 로마 교회 사제에게 당당히 이렇게 이야기한 적이 있다.

> "저는 지금껏 많은 연구를 해 왔습니다. 그 결과, 지금 제가 갖고 있는 [개혁]신앙만큼 성경적인 것을 발견하지 못했습니다."[4]

로마 교회 사제에게 자신이 지금껏 많은 연구를 해 왔다고 당당하게 이야기할 만큼 드 브레는 참된 지식에 대한 열망이 컸던 사람이다. 바르게 믿기 위해서는 바르게 알아야 한다고 생각했기에 평생을 '바른 앎'에 헌신했고, 죽음이 눈앞에 다가온 순간에도 자신이 알고 믿는 바가 참되고 성경적인 지식임을 확신했다. 성경적인 바른 앎에 대한 열망은 드 브레의 청년 시절부터 시작되었다. 하나님께서 몽스의 한 청년에게 참된 지식에 대한 열망을 주셨고, 그것이 지속적인 성경 읽기와 사색으로 이어지게 하셨다.

종교개혁의 분위기가 무르익던 당시 유럽 대륙의 상황을 생각해 보면 바른 믿음에 대한 그의 열망이 단순히 성경을 읽는 것에만 그치지 않았을 것이라 짐작할 수 있다. 1517년 루터로부터 시작된 종교개혁의 불길은 저지대에도 급속하게 옮겨붙었다. 루터가 카를 5세에 의해

4 *BRN* 8, 561–562.

공식적으로 이단으로 선고당하기 전부터 루터의 글들이 루뱅(Louvain 혹은 Leuven, 현재 벨기에의 도시)의 가톨릭 대학 교수들에 의해 이단으로 정죄되었지만(1519년),[5] 루터의 글들이 번역되어 저지대에서 회람되는 것을 막지는 못했다.[6] 특히, 비텐베르크에서 공부하고 안트베르펜에 돌아온 어거스틴 수도회 수사들에 의해 루터의 글들이 더욱 퍼지게 되었다.[7] 황제의 명령으로 루터의 글들이 저지대의 공개적인 장소에서 불태워지는 일이 빈번하게 일어났고, 앞서 이야기했듯 1523년 7월에는 브뤼셀 광장에서 루터의 주장에 동조하는 자들이 최초로 처형되기도 했다.[8] 즉, 저지대에서 바른 앎에 대한 열망이 있던 청년 드 브레의 손에 루터의 글들이 쥐어져 있을 것으로 추측하는 것은 매우 자연스러운 일이다.

한편, 드 브레가 20대에 접어든 1540년대에 저지대에도 칼뱅주의가 전해졌다. 발랑시엔과 투르네(Tournai)의 대표자들이 스트라스부르(Strasbourg)와 제네바에 목회자를 파송해 달라고 요청했고, 이에 제네바로부터 브룰리(Pierre Brully, 1518?-1545) 목사가 파견되어 1544년 투

---

5 Kooi, *Reformation in the low countries*, 65.

6 16세기에 프랑스어로 출판된 저술들을 확인하기 위해서는 Andrew Pettegree and Walsby Malcolm, *French Vernacular Books: Books Published in the French Language Before 1601*. 2 Volumes (Leiden: Brill, 2007)을 참고하는 것이 쉽다.

7 Sabine Hiebsch, "The Coming of Age of the Lutheran Congregation in Early Modern Amsterdam," *Journal of Early Modern Christianity* 3/1 (2016): 4–5.

8 Kooi, *Reformation in the low countries*, 1.

르네에 도착했다.[9] 저지대 남부 곳곳을 순회하며 칼뱅주의 교리를 설파하는 그의 설교를 듣기 위해 많은 군중이 모여들었고, 그로 인해 칼뱅주의가 저지대 남부 지역에 전해지게 되었다.[10] 하지만 브룰리는 얼마 지나지 않아 붙잡혔고, 황제가 파견한 이들에게 심문을 받은 끝에 1545년 2월 19일 투르네 광장에서 화형을 당하고 말았다.[11] 이처럼 브룰리의 사역은 너무 짧았지만, 하나님은 그를 통해 저지대에 칼뱅주의의 씨앗을 뿌리셨다. 그에게 영감을 받은 많은 이들이 칼뱅의 가르침을 배우기 위해 제네바로 모여들었고, 그들은 그들의 조국을 위해 다시 파송되곤 하였다.[12] 이렇게 바른 앎을 갈망했던 청년 드 브레의 고향 에노와 플랑드르 지역에 칼뱅주의의 씨앗이 뿌려졌다. 그의 고향 땅에 스며들어온 칼뱅주의는 지속적이고 진지한 성경 읽기를 통해 회심에 이른 드 브레의 마음을 사로잡기에 충분했을 것이다.

그렇다면 그가 성경을 통해 깨닫고, 루터의 글들과 칼뱅주의자들로부터 배운 것은 무엇일까? 종교개혁자들의 글을 읽고 토론하던 비밀 모임에 참여하던 이들이 주로 다루었던 것은 로마 교회 교리의 오류들이었다. 특히, 그들은 성체성사에서 이루어진다는 그리스도의 몸의 육

9 Gérard Moreau, *Histoire du Protestantisme à Tournai jusqu'à la veille de la Révolution des Pays-Bas* (Paris: Les Belles Lettres, 1962), 91–94.

10 Moreau, *Histoire du Protestantisme à Tournai*, 94–99.

11 Moreau, *Histoire du Protestantisme à Tournai*, 103, 109–110.

12 Moreau, *Histoire du Protestantisme à Tournai*, 115.

체적 임재에 대해 의문을 품었다.[13] 실제로, 이 시기에 몽스에서 '루터란'으로 정죄된 이들은 그들이 그리스도께서 빵에 임재하는 것을 부인했기 때문에 투옥되었다.[14] 이런 배경 속에서 우리는 성경적인 바른 앎을 추구하던 드 브레가 그와 마음을 같이 하는 이들과 함께 모여 성경을 공부하며 로마 교회의 오류들에 대해 배우고, 특히 화체설과 미사의 적법성에 대해 의문을 품기 시작했을 것으로 짐작할 수 있다.

특히, 주목할 만한 것은 니고데모파를 책망하는 칼뱅의 글들이 1540년대에 저지대에서 회람되었다는 사실이다. 니고데모파는 (칼뱅은 그들에게 그 용어를 붙이는 것을 좋아하지 않았지만) 종교개혁자들의 주장에 동조하면서도 박해의 위협 때문에 로마 교회에 남아있는 자들을 일컫는다. 칼뱅은 1543년, 교황의 세력 아래 있어서 참된 예배를 드릴 수 없는 성도들이 어떻게 처신해야 하는지를 다룬 「신도의 처신」을 작성했다.[15] 칼뱅은 미사를 하나님께서 정죄하고 거부하는 미신들이라고 규정하며, 그러한 미신적 예배는 귀신에게 드리는 예배일 뿐이라고 비판한다.[16] 또한, 그것이 미신인 줄 알면서도 위험을 피하려고 그들을

13 Kooi, *Reformation in the low countries*, 46–57.

14 Éric Mahieu, "Le Protestantisme à Mons, des Origines à 1575," *Annales du Cercle Archéologique de Mons* 66 (1967): 140.

15 원제목은 다음과 같다. *Petit traicté monstrant que c'est que doit faire un homme fidèle congnoissant la vérité de l'Evangile quand il est entre les papistes*(복음의 진리를 아는 성도가 교황주의자들 속에 있을 때 어떻게 처신해야 하는지를 보여 주는 작은 소논문). 한국어 번역본은 박건택 교수의 『칼뱅 소품집 1』(용인: 크리스천르네상스, 2016), 946–980에서 읽을 수 있다.

16 박건택, 『칼뱅 소품집 1』, 952. 원문을 위해서는 *Ioannis Calvini Opera Quae Supersunt Omnia,* ed. Wilhelm Baum, Eduard Cunitz, and Eduard Reuss, Vol. 6 (Brunswick, Berlin, 1867), 549

따르는 척하는 자들도 결코 정당화될 수 없다고 지적한다.[17] "미사에 참석하는 그리스도인들은 우상 숭배와 모든 가증한 것을 따라 살려 한다는 것을 증거하고 공언하는 것이다."[18] 그렇다면 교황의 세력 가운데 사는 그리스도인은 어떻게 해야 하는가? 칼뱅의 권고는, '할 수 있는 한 그곳에서 나와 바른 예배가 가능한 곳으로 떠나라'는 것이었다.[19] 우상 숭배의 현장에서 떠나는 것이 가장 좋은 방법이며, 혹시 떠나는 것조차 불가한 상황이라면 박해를 감내해야 했다. 그것이 우상 숭배자가 되는 것보다 낫기 때문이다.

이 소논문이 저지대에 퍼져 회람되었을 때 많은 이들이 칼뱅의 권고가 너무 가혹하다고 느끼며 불만을 표했다. 왜냐하면 칼뱅의 권고에 따라 미사에 참석하지 않는다는 것은 공식적으로 '이단'이 되는 것을 의미했기 때문이다. 미사에 참석하지 않으면 끌려가 심문을 당해야 했고 재산마저 몰수되었으며 심하면 목숨까지 잃을 수 있었다. 바른 예배를 드릴 수 없는 현실 속에 있는 이들에게 달콤한 타협점을 찾아 주기보다는 차라리 그들의 고향과 가족, 친구를 떠나라고 이야기하는 칼뱅의 권고는 마치 박해의 현실을 모르는 외침 같았다. 그래서 칼뱅의

을 보라(이후로는 *CO* VI으로 표기함).

17 박건택, 『칼뱅 소품집 1』, 952.

18 박건택, 『칼뱅 소품집 1』, 968. *CO* VI, 569: "Puis qu'ainsi est donc, que l'homme Chrestien allant à la messe donne tesmoignage et fait profession de vouloir vivre en l'idolâtrie et toutes les abominations qui régnent aujourd'huy au monde."

19 박건택, 『칼뱅 소품집 1』, 973. *CO* VI, 576: "Le premier seroit qu'il sortist s'il pouvoit."

글은 많은 이들을 불편하게 만들었다.

결국 칼뱅은 그들을 위로해 달라는 요청에 두 번째 소논문, 「니고데모파에게 주는 해명」을 작성했다.[20] 불만 가득한 이들에 대하여 칼뱅은 그의 권고를 조금도 철회하지 않고 오히려 더 강하게 호소했다. "하나님의 성전인 자기 몸을, 성경이 방탕, 호색만큼이나 혹은 그 이상으로 책망하고 있는 그런 오염에 내맡기면서 외적 우상 숭배를 저지르는 것은 이미 큰 범죄"라고 외쳤다.[21] 칼뱅은 우상 숭배의 장소를 떠나라는 그의 권면이 무엇을 의미하는지 잘 알았다. 누군가에게 고향 땅을 떠나라는 것은 그동안 이뤄 온 업적과 재산, 그리고 생계를 포기하는 일임을 잘 알고 있었다. 그러나 그것들을 지키기 위해 미사에 참석하는 것은 명백한 우상 숭배이다. 그렇기에 칼뱅의 권고가 가혹하다고 불평할 것이 아니라 참된 예배를 드리기 위한 결단이 얼마나 중요한 것인지 깨달아야 했다. 다시 말해, 칼뱅은 로마 교회의 미사는 우상 숭배이기에 로마 교회를 떠나는 것은 '선택 사항'이 아니라 '반드시 해야 하는 일'임을 분명히 하였다. 즉, 바른 앎과 참된 예배를 소망하는 저지대의 성도들은 바른 예배를 드릴 수 있는 곳으로 피난을 가거나, 그럴 수 없다면 박해를 감내하는 것 중 선택해야만 했다.

---

20 원제목은 다음과 같다. *Excuse de Jehan Calvin à Messieurs les Nicodemites sur la complaincte qu'ilz font de sa trop grand' rigueur*. 한국어 번역본은 박건택 교수의 『칼뱅 소품집 1』, 981–997에서 읽을 수 있다.

21 박건택, 『칼뱅 소품집 1』, 995. 원문을 위해서는 *CO* VI, 611을 보라.

몽스의 생 와우드루(Sainte-Waudru) 성당

다시 드 브레로 돌아와 보자. 신앙에 대한 바른 지식을 갈망했던 청년 드 브레는, 같은 마음으로 진리를 탐구하는 자들과 모임을 갖는 일이 점점 더 좋아졌을 것이다. 낮에는 유리에 그림을 그리는 일을 연습하고 밤에는 그들과 함께 성경을 공부하고 루터의 글들을 나누고, 칼뱅의 글들을 함께 읽으며 토론했을 것이다. 그렇게 지속적인 진지한 사색을 통해 그는 로마 교회의 가르침이 성경적이지 않다는 결론을 내리게 되었다. 로마 교회의 미사 제도에 오류가 있다는 것을 깨달았는데, 칼뱅의 글을 통해 그것이 명백히 우상 숭배이며 반드시 떠나야 하는 죄임을 배웠다. 우리 마을 언덕 꼭대기에 있는 화려한 교회, 즉 내가 태어나고, 세례를 받고, 뛰어놀고, 그림을 그리던 우리 교회에 출석하여 미사를 드리는 것이 우상 숭배라면 이제 어떻게 해야 하는가?

모든 사회적 체계가 로마 교회를 중심으로 이루어진 마을에서 그 교회 출석을 거부한다는 것은 곧 자신이 속한 사회의 모든 체계를 등지는 것을 의미했다. 로마 교회를 떠난다면 더 이상 아버지처럼 유리 도장공으로 살 수 없었다. 부모의 사랑과 지지를 받으며 평범한 개인으로 살아가는 것은 불가능했다. 내가 태어나고 자라고 뛰놀던 우리 마을 광장은 이제 칼로 내 목을 겨누는 처형장이 될 수도 있었다. 1529년 10월 14일, 카를 5세 황제는 그의 제국 내에 로마교 이외의 모든 종교 모임과 서적을 반대하는 칙령을 반포했다.[22] 몽스가 속한 에노주는 황제의 명령에 따라 종교의 자유를 엄격히 금지했고, 이에 따라 에노주의 상당수의 주민이 종교적 이유로 구금을 당했다.[23] 성경적인 바른 신앙의 삶을 살기로 결정한 드 브레에게 고향 땅에 머문다는 것은 그만큼 목숨을 거는 일이었다.

하지만 박해받는 것이 두렵다고 해서 계속 미사에 참석하는 '니고데모파'가 될 수는 없었다. 성도라면 모든 것을 포기하고 바른 예배를 드릴 수 있는 곳으로 피난을 가거나 박해를 감내하라는 칼뱅의 권면처럼, 드 브레는 이제 선택해야 했다.

---

22 Émile M. Braekman, *Guy de Bres: Sa vie* (Bruxelles: Éditions de la Librairie des Éclaiteurs Unionistes, 1960), 49.

23 Daniel Ollier, *Guy de Brès: étude historique* (Laigle: Imprimerie F. Guy, 1883), 37. L. A. van Langeraad, *Guido de Bray, zijn leven en werken: bijdrage tot de geschiedenis van het Zuid-Nederlandsche protestantisme* (Zierikzee: S. Ochtman, 1884), 13.

| 종교개혁의 본질은 예배 개혁이다 |

종교개혁을 논할 때 우리는 루터의 종교개혁을 먼저 떠올리곤 한다. 면죄부를 판매하던 요한 테첼(Johann Tetzel, 1465-1519)에 반대하여 '이신칭의'의 교리를 용감하게 외친 불같은 개혁자를 추앙하며, 행위구원론의 오류를 극복하고 바른 교리를 외친 개혁을 종교개혁의 본질로 이해하곤 한다. 그러나 '오직 믿음으로'의 외침은 종교개혁의 일부일 뿐이다. 칼뱅에게 교회 개혁의 이유는 바른 예배의 회복이었다.[24]

참된 예배를 드리라는 그의 선포는 저지대의 많은 성도들에게 마음의 찔림을 주었다. 바른 예배를 드릴 수 없다면 박해를 감수하라는 칼뱅의 권면은 저지대 종교개혁의 본질적인 문제였다. 즉, 저지대 종교개혁의 본질은 '예배 개혁'이었다. 그들은 거짓 예배를 청산하는 일에 목숨을 걸었다.

오늘날 종교개혁의 유산을 물려받아 '개혁된 교회'를 지향한다고 말하는 이들이 있다면 종교개혁의 본질이 무엇이었는지 놓쳐서는 안 될 것이다. 우리는 행위 구원을 말하지 않는다고 만족할 것이 아니라 우리의 예배가 과연 참된 예배인지 돌아보고 끊임없이 개혁해야 한다. 그것은 목숨을 걸 만큼 중대한 진리의 문제이다.

---

24 1543년 출판된 칼뱅의 『교회개혁의 필요성』(*De necessitate reformandae ecclesiae*)을 보면 칼뱅이 생각하는 종교개혁의 본질을 이해할 수 있다. 번역본을 위해서는 장 칼뱅, 『교회 개혁: 칼뱅의 종교개혁을 위한 항변서』, 김산덕 역 (서울: 새물결플러스, 2017)를 참고하라.

04

/

개혁 교회 목사로 준비되다

(1548-1552년, London)

| 런던으로의 피난 |

1548년, 부써(Martin Bucer, 1491-1551)의 가르침을 받아 그리스도의 실제 몸과 피가 빵과 포도주에 임하는 것은 아니라고 주장했던 이들이 드 브레의 고향 몽스에서 붙잡혀 처형당하는 일이 일어났다.[1] 이 여파로 '이단'을 색출하는 것이 본격화되었고 몽스의 많은 성도들이 피난길에 오르게 되었다. 마침, 잉글랜드에서 헨리 8세에 이어 새로 왕으로 즉위한 에드워드 6세(재위: 1547-1553)는 신앙으로 인해 고향 땅을 떠나야 했던 피난민들에게 자국의 문을 열어 주었다.[2] 덕분에 종교적 박해로 인해 피난을 가야 했던 많은 이들이 잉글랜드로 피난 올 수 있었다. 더 이상 박해가 두렵다는 이유로 우상을 숭배할 수 없었던 드 브레도 고향을 떠나기로 결심했고, 바른 신앙을 위해 런던으로 떠나는 무리에

---

1 Mahieu, "Le Protestantisme à Mons, des Origines à 1575," 148–149.

2 Braekman, *Guy de Brès: un réformateur en Belgique et dans le Nord de la France* (1522–1567) (Mons: Cercle Archéologique de Mons, 2014). 31.

합류했다.[3]

런던에서의 피난 생활은 드 브레에게 참으로 특별한 시간이었다. 처음으로 체계적인 '개혁 신앙'을 배울 수 있었고 목사로서의 소명도 확인했던, 선물과도 같은 시간이었다. 드 브레가 런던에서 어떻게 개혁파 신앙을 배울 수 있었는지 살펴보면 그 시기와 상황이 절묘하다.

에드워드 6세 통치 초기에 런던에 모여든 피난민들은 함께 모여 예배를 드리기 시작했다. 하지만 아직 체계와 질서가 있는 조직된 교회로서의 모습을 갖추지는 못했기에 런던에 갓 도착한 드 브레가 어떤 모습의 신앙생활을 했는지는 알기 어렵다. 런던의 피난민들이 구체적인 교회 질서를 갖게 된 것은 1550년 폴란드의 개혁자 존 아 라스코(Joan à Lasco, 1499-1560)가 도착한 이후였다. 아 라스코는 독일 엠덴(Emden)에서 피난민 교회에 개혁 교회의 모델을 도입했던 사람이었다.[4]

엠덴에서 사역하던 아 라스코가 어떻게 런던에 오게 되었을까? 캔터베리의 대주교 토마스 크랜머(Thomas Cranmer, 1489-1556)는 에드워드 6세가 즉위한 이후, 잉글랜드의 종교개혁을 구상하면서 자문을 얻기 위해 대륙으로부터 저명한 종교개혁자들을 초청했다. 이 정책의 일환으로 이탈리아의 종교개혁자 버미글리(Peter Martyr Vermigli, 1499-1562)가 옥스퍼드 대학의 교수로, 부써는 케임브리지 대학의 교수로 초빙되

3 Jean Crespin, *Histoire des martyrs*, t. 3, 581.

4 아 라스코에 관해서는 강민, 『요하네스 아 라스코: 개혁주의 교회법의 토대를 놓다』(서울: 익투스, 2019)를 참고하라.

어 잉글랜드로 건너왔다.[5] 크랜머의 부름에 응답하여 초빙된 이들은 1548년 슈말칼덴 전쟁이 끝나고 더 이상 독일에 머물 수 없어 피난을 가야했던 '개혁파' 종교개혁자들이었다는 것이 참 절묘하다. 이런 배경으로 인해 잉글랜드에 초대된 이들 중 루터파는 없었다.[6]

특히, 런던의 피난민 교회를 위해서 아 라스코가 초빙되었고 1550년 여름 런던 피난민 교회를 총괄하는 감독(Superintendent)으로 임명되었다.[7] 또한 국왕은 그들에게 어거스틴 수도회 건물을 내주었고, 프랑스어를 사용하는 피난민들을 위해서는 쓰레드니들(Threadneedle) 가에 있는 건물 사용을 허가해 주었다.[8] 이처럼 종교의 이유로 피난 온 많은 이들이 에드워드 6세와 크랜머의 정책 아래에서 환대받았고, 마음껏 예배를 드릴 수 있는 기회를 얻었다.

런던 피난민 교회는 아 라스코에 의해 개혁 교회로서의 체계를 갖추기 시작했다. 그는 이미 엠덴에서 구상하기 시작했던 교회법과 예전 등을 런던의 피난민 교회에 적용하였다. 무엇보다 주목할 만한 것은 취리히의 '예언 모임(prophecy)'과 같은 주중 성경 공부 모임을 열어 성

---

5 Andrew Pettegree, *Foreign Protestant communities in sixteenth-century London* (Oxford: Clarendon Press, 1986), 26.

6 Corinna Ehlers, *Konfessionsbildung im Zweiten Abendmahlsstreit (1552-1558/59)* (Tübingen: Mohr Siebeck, 2021), 155–158.

7 Michael S. Springer, *Restoring Christ's church: John a LasCO and the forma ac ratio* (Aldershot, Hants, England; Burlington, VT: Ashgate, 2007), 44.

8 Pettegree, *Foreign Protestant communities*, 37.

도들을 교육하는 일에 힘썼다는 사실이다.[9] 네덜란드어 성경 공부 모임은 매주 화요일, 프랑스어로 진행되는 성경 공부 모임은 매주 목요일에 열렸다.[10] 플라망어(Flemish, 벨기에 북부에서 사용되는 네덜란드어)를 할 줄 알았던 드 브레는 아마 두 모임 모두 참석했을 것이다. 이 모임에서는 기초적인 성경 주해뿐 아니라 설교에 관한 토론 등, 기초적인 신학 교육이 풍성하게 이루어졌다. 몽스에서 바른 성경적인 지식을 갈망하던 드 브레에게 런던에서의 체계적인 성경 교육은 단비와도 같았다.

런던 쓰레드니들(Threadneedle) 길에 있는 프랑스어를 사용하던 피난민 교회 터

---

9 취리히의 '예언' 모임을 위해서는 Erik A. de Boer, *The Genevan School of the prophets: the "congrégations" of the Company of Pastors and their influence in 16th century Europe* (Genève: Droz, 2012), 22–25를 참고하라. 런던의 성경 공부 모임에 관해서는 De Boer, *The Genevan School*, 244–248과 Pettegree, *Foreign Protestant communities*, 46–76을 참고하라.

10 Pettegree, *Foreign Protestant communities*, 71.

쓰레드니들(Threadneedle) 길에 있는 프랑스어를 사용하던 피난민 교회 그림

네덜란드어 피난민들이 사용하던 아우구스티누스 수도회 건물

그런데 프랑스어를 사용하는 피난민들은 아 라스코의 교리문답보다 칼뱅이 작성한 제네바 교리문답으로 공부했을 것으로 추정하는 학자도 있다.[11] 아 라스코의 교리문답을 배웠든 제네바 교리문답을 배웠든, 중요한 것은 드 브레에게 개혁파의 교리문답 교육이 제공되었다는 것이다.

지속적인 성경 읽기와 사색을 통해 로마 교회의 오류를 깨달은 뒤 고향 땅을 떠날 수밖에 없었던 드 브레는 런던에서 개혁신학의 세계에 들어오게 되었다. 성경적인 바른 신앙 지식을 갈망하여 고향 땅에서의 안락한 삶을 포기한 드 브레에게 하나님께서는 아 라스코라는 탁월한 선생님과 훌륭한 개혁 신앙 교육 시스템을 예비해 두셨다. 특히, 아 라스코가 교회 질서를 세운 배경에는 다양한 출신 배경을 가진 피난민들에게 이단적 분파의 위협을 차단하고 그들을 하나의 교리적 가르침으로 연합하려는 의도가 있었다. 이 신학 교육을 통해 드 브레는 다양한 이단적 사상들에 대해 배웠을 것이다. 바른 교리가 얼마나 중요한지, 그 기준에서 벗어난 자유로운 생각들이 얼마나 비성경적인 결론에까지 이를 수 있는지 배웠을 것이다. 그렇게 드 브레는 개혁 교회 성도가 되었다.

---

11 Pettegree, *Foreign Protestant communities*, 71–72를 보라. 제네바 교리문답의 런던 판본이 1552년에야 출판되었지만, 아 라스코의 교리문답 프랑스어 판본이 존재하지 않는다는 점과 프랑스어권의 피난민들과 칼뱅과의 연계성을 고려할 때 그들이 제네바 교리문답 사용 가능성이 충분하다고 주장한다.

| 다시 고국으로 |

안전한 곳에서 성경적인 신앙 교육을 받으며 매우 행복해했을 드 브레의 런던 생활은 그리 오래가지 못했다. 런던에 정착한 지 4년 만인 1552년, 그는 안락한 생활을 마다하고 다시 그의 고국으로 향한다. 무엇이 그의 발걸음을 위험천만한 저지대로 향하게 하였을까?

런던의 피난민 교회는 1553년, 피의 메리(Mary Tudor, 1516-1558) 여왕이 즉위한 이후 문을 닫아야만 했다. 로마 교회에 충실했던 그녀는 그녀의 남동생이 추진하던 종교 정책을 모두 뒤엎었다. 로마 교회 외의 분파를 허용할 만한 관용이 그녀에게는 없었고, 그녀의 왕국에서 피난민들이 자유롭게 성경을 배우는 일은 더 이상 허용되지 않았다. 결국 드 브레의 동료들은 런던을 떠나 다시 대륙에서 피난처를 찾아야만 했다.

그러나 드 브레의 귀국은 그보다 1년이 앞선다. 드 브레가 귀국을 결심한 해인 1552년에는 에드워드 6세가 아직 10대의 젊은 왕으로 건재했기에 피난민 교회의 미래는 아직 밝기만 했다. 드 브레로 하여금 이런 안전한 행복을 뒤로 하고 런던을 떠나게 만든 요인은 '고국의 성도들' 말고는 추정하기 어렵다. 런던에서 드 브레가 누렸던 최상의 개혁신학 교육은 그에게 고국의 성도들을 생각나게 했을 것이다. 이것이 그로 하여금 개혁 교회 목사로의 부르심을 생각하게 만들었을 것이다.

사실, 드 브레가 언제 목사의 직분을 맡게 되었는지에 관한 자료는 없다. 다만 첫째, 그가 런던에서 돌아온 직후에 바로 사역을 시작했다는 점과,[12] 둘째, 목사 직분이 없는 자가 목회를 하는 것에 대하여 신랄하게 비판했다는 점을 미루어 보면,[13] 드 브레의 목사 임직은 런던에서 이루어졌을 것으로 추정할 수 있다.

체계적인 개혁신학 배움터에서 하나님의 말씀을 알아가는 일은 그에게 너무나도 값진 행복이었지만, 이 행복을 자기 혼자만 누릴 수 없었다. 고국에서 박해 가운데 고군분투하고 있는 동포들이 생각났다. 그렇게 배움에 열심이던 어느 날, 드 브레는 목사로 부르심을 받았다. 성경적인 바른 지식을 갈망하던 청년이 박해를 피해 도망쳐 온 런던에서 성경적인 개혁신학을 만났고, 개혁 교회의 목사로 부르심을 받은 것이다. 그렇게 안전과 행복이 보장되던 1552년의 런던에서, 드 브레는 여전히 로마 교회의 잘못된 가르침으로 오도되고 있는 고국의 성도들을 섬기기 위해 귀국을 결정했다.

벨직 신앙고백서의 저자 귀도 드 브레를 묘사하는 표현 중 가장 적절한 것은 '박해받는 성도들의 목사'이다. 박해를 피해 달아났던 청년은 박해받는 고국의 성도들을 외면할 수 없어 핍박의 현장으로 돌아왔다. 드 브레에게 목사로서의 부르심은 그 정도의 무게였다. 회심했을

12 Braekman, *Guy de Brès: un réformateur*, 45.

13 강병훈, "귀도 드 브레(Guido de Brès, 1522–1567)의 재세례파 반대의 이유:『재세례파의 뿌리와 기원 및 기초』(*La racine*)를 중심으로," 「한국개혁신학」 75 (2022): 90–91. 드 브레의 '합법적 선거를 통한 목사 임직'에 관해서는 De Brès, *La racine, source et fondement des anabaptistes* (Rouen: Abel Clemence, 1565), 72–76을 보라.

때의 무게감이 참된 예배를 위해서라면 이제는 고향 땅을 떠나야 한다는 것이었다면, 목사로 부르심을 받을 때의 무게감은 참된 예배를 드리지 못하는 자들을 위해 다시 그곳으로 돌아가 그의 생명을 바칠 각오를 하는 정도의 소명이었다. 그렇게 그는 안락한 삶을 포기하고 박해받는 성도들의 목사가 되기로 결정했다.

05

첫 번째 사명을 확인하다: 개혁 교회 성도들을 가르치는 사역

(1552-1555년, Lille)

| 릴에서의 사역 |

런던을 떠나 고국의 성도들을 섬기기 위해 돌아온 드 브레가 도착한 곳은 그의 고향 몽스에서 서쪽으로 약 70km 떨어진 릴(Lille, 네덜란드어로 Rijsel, 현재 프랑스의 땅)이었다. 1520년대 루터의 글들이 저지대에 퍼지기 시작했던 유행이 릴에도 어김없이 찾아왔다. 전에는 로마 교회 사제였던 폴랭(Valerand Poullain, 1509?-1557)이 활동했던 지역이기도 했다. 그는 저지대의 첫 파견 개혁파 목사인 브률리(Pierre Brully)를 청빙하는 데 역할을 하기도 했고, 니고데모파를 비판하는 칼뱅의 글들이 저지대에 회람되는 데에도 큰 역할을 했던 인물이다.[1] 덕분에 1540년대 릴에는 개혁파 성도들의 무리가 생기게 되었다. 저지대의 성도들은 박해를 피해 비밀리에 모여야 했기에 지역별로 가명을 사용했는데, 릴의 개혁 교회는 장미(La Rose)라는 가명으로 불렸다.[2]

---

1 Robert S. Duplessis, *Lille and the Dutch Revolt: Urban Stability in an Era of Revolution: 1500-1582* (Cambridge: Cambridge University Press, 1991), 170–174.

2 저지대 개혁 교회의 지역별 가명 목록은 Commission de l'histoire des Eglises Wallonnes (ed.),

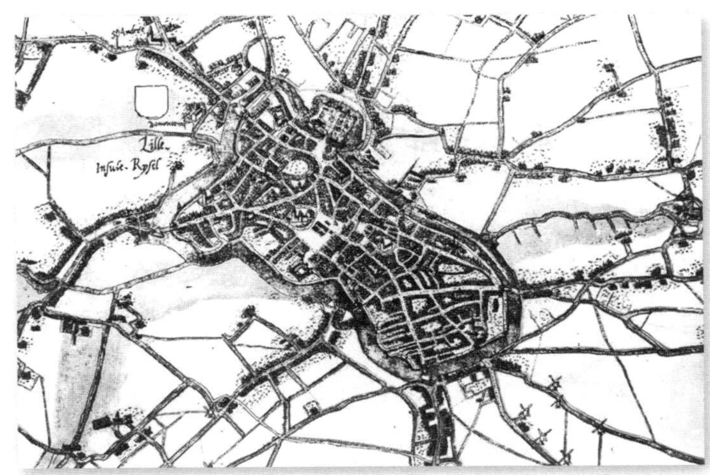

16세기 릴(Lille)의 지도

릴의 한 거리

Livre Synodal contenant les articles résolus dans les Synodes des Églises wallonnes des Pays-Bas, Tome I: 1563–1685 (La Haye: Martinus Nijhof, 1896), xvi에서 확인할 수 있다.

다른 저지대 개혁 교회들과 마찬가지로 장미교회 성도들 역시 극심한 박해 가운데 있었다. 멋진 교회당을 가질 수도 없었고 자유롭게 예배 드릴 수 있는 건물마저도 허락되지 않았다. 드 브레의 사역은 릴과 인근 지역들의 가정을 순회하며, 감시를 피해 비밀리에 모인 성도들을 위로하며 가르치는 일이었을 것이다.

드 브레의 성도들은 언제 발각되어 잡혀갈지 모르는 험악한 상황 속에서도 목숨을 걸고 바른 신앙을 배우기 위해 모이는 자들이었다. 어제는 어떤 형제가, 오늘은 어떤 자매가 잡혔다는 소식이 날마다 들려왔다. 정체가 발각되어 잡히는 사람은 로마교 사제에게 심문을 받아야 했다. 로마 교회의 위엄과 전통으로 압박하는 사제에게 자신의 신앙을 변호해야 했다. 이런 상황에 놓인 자들이 드 브레의 사역 대상이었다.

| 드 브레의 사역 방향을 보여 주는 그의 첫 저작, 『기독교 신앙의 무기』 |

1555년 출판된 드 브레의 첫 저작 『기독교 신앙의 무기』(*Le baston de la foy chrestienne*)는 드 브레가 릴에서 사역하는 동안 그의 관심이 어디에 있었는지를 잘 보여 준다. 이 책은 로마 교회의 교리와 주장을 반박할 수 있도록 성경 구절과 교부들의 글을 주제별로 묶어 놓은 일종의 '인용 모음집'이었다. 그의 사역의 초점은 그의 성도들이 로마 교회의 잘못된 주장에 바르게 대응할 수 있도록 양육하는 것이었다.

『기독교 신앙의 무기』 1555년 판본의 목차
1. 성찬에 관하여
2. 고해성사에 관하여
3. 맺고 푸는 권세에 관하여
4. 자유의지에 관하여
5. 공로와 선행, 칭의에 관하여
6. 율법에 관하여
7. 연옥에 관하여
8. 성인 숭배에 관하여
9. 유일한 중보자에 관하여
10. 성상을 교회당에 두는 것이 합당한가에 관하여
11. 금식에 관하여
12. 결혼에 관하여
13. 맹세에 관하여
14. 교회의 권위에 관하여
15. 성경에 관하여
16. 성도들의 모임에 관하여
17. 강제로 믿음을 강요하는 문제에 관하여
18. 신앙을 이유로 박해하는 위정자들에 관하여

『기독교 신앙의 무기』 서문에서 드 브레는 다음과 같이 이야기한다.

여러분이 날마다 얼마나 힘들게 참된 교리를 지켜 나가고 있는지 알고 있습니다. 거짓된 속임수로 자신들이 사도와 교부들의 가르침을 따르고 있다고 자랑하는 자들에 맞서기 위해 여러분이 얼마나 고군분투하고 있는지 압니다. 사랑하는 여러분, 그래서 이 책을 여러분에게 헌정합니다. '신앙의 무기'라는 제목의 이 책은 교부들의 가르침과 공의회의 결정들, 그리고 다양한 저자들의 글들을 담고 있습니다. 이 책을 사용하면 자기들이 교부의 가르침을 따르고 있다고 주장하는 자들에 맞서 싸울 수 있을 것입니다. 이 책이 여러분을 박해로부터 구원해 주는 것은 아니지만, 적어도 그들의 말문이 막히게 할 수는 있을 것입니다. 여러분이 게으르지 않고 부지런하게 이 책에 있는 교부들의 글을 숙지하실 수 있기를 기도합니다. 그래서 예수 그리스도의 나라는 흥하고 불신자와 사탄의 나라는 쇠하고 멸망하기를 기도합니다.[3]

정체가 들통나면 잡혀서 심문을 당해야 하는 저지대 개혁 교회 성도들은 교부들과 교회의 전통이 자기들 편에 있다고 주장하는 로마 교회 사제들의 공격을 받아내야 했다. 종교개혁의 도전에 맞서 로마 교회는 그들이 얼마나 오랜 전통을 갖고 있는지를 내세웠다. 종교개혁으로 인해 생겨난 분파는 '신흥종교'일 뿐 로마 교회만이 진정한 가톨릭교회라는 주장으로 성도들을 압박했다. 이에 맞서 드 브레는 오히려 로마 교회의 교리가 새로운 것이며 개혁 교회의 신앙이 사도들과 교부들, 그리고 공의회의 결정들에 부합한다는 것을 보이고자 했다. 로마 교회

3 Guy de Brès, *Le baston de la foy chrestienne* (Lyon, 1555), a.4r–v.

는 교부들의 글을 '왜곡'하여 그들의 교리에 짜맞추고 있을 뿐이었다. 드 브레는 그의 성도들이 그들을 심문하는 사제들 앞에서 당당하게 교부의 글들과 성경에 대한 지식으로 맞설 수 있기를 바랐다.

서론에서는 로마 교회가 교부들의 글을 왜곡하고 있다는 예를 보여주기 위해 『신앙의 방패』라는 책을 언급한다.[4] 이 책은 그르니에(Nicole Grenier)라는 한 수도사가 종교개혁의 오류를 드러내기 위해 교부들의 인용문을 모아 프랑스어로 출판한 책으로, 1547년 초판이 출판된 이후 거의 매년 재인쇄가 될 정도로 인기를 끌었던 책이다.[5]

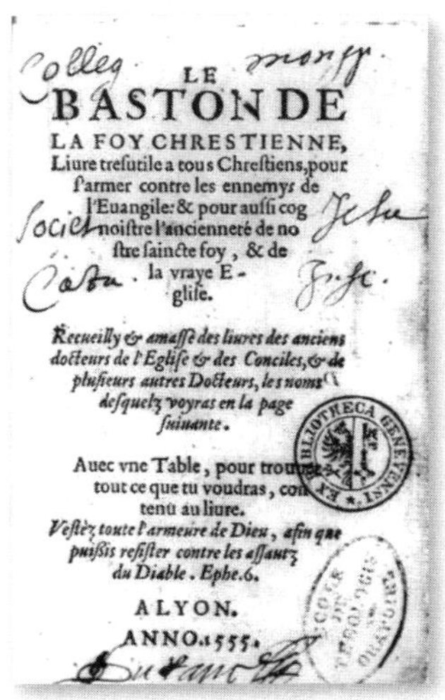
LE
BASTON DE
LA FOY CHRESTIENNE,
Liure tresutile a tous Chrestiens, pour
s'armer contre les ennemys de
l'Euangile: & pour aussi cog
noistre l'ancienneté de no
stre saincte foy, & de
la vraye E-
glise.

Recueilly & amassé des liures des anciens docteurs de l'Eglise & des Conciles, & de plusieurs autres Docteurs, les noms desquelz voyras en la page suiuante.

Auec vne Table, pour trouuer
tout ce que tu voudras, con
tenu au liure.
Vestez toute l'armeure de Dieu, afin que puissis resister contre les assautz du Diable. Ephe.6.

A LYON.
ANNO.1555.

Le baston 1555년 판본 표지

LE
808244
BOVCLIER
DE LA FOY,
EN FORME DE DIA-
LOGVE,
Extrait de la sainte Escriture, & des saintz Peres, & plus anciens Docteurs de l'Eglise: dedié au Roy Treschrestien HENRY, deuxieme de ce nom.
Nouuellement reueu & corrigé.

A LYON,
Par Thibauld Payen.
1554.

Le Bouclier 1554년 판본 표지

---

4 이 책의 원제목은 다음과 같다: *Le bouclier de la foy*.

5 R. E. Hallmark, "Defenders of the Faith: The Case of Nicole Grenier," *Renaissance Studies* 11/2 (1997): 139.

이 책이 프랑스어를 사용하는 독자들에게 상당한 영향을 끼치고 있었기에 프랑스어를 사용하는 성도들의 목회자로서 드 브레는 이 책을 반박할 작품을 집필할 필요성을 느꼈다.

드 브레는 그르니에가 교부들이 사용한 단어 희생제물(Sacrificium)을 임의대로 '미사(la messe)'로 번역하고 있다는 것을 지적한다.[6] 교부들은 미사의 의미로 그 단어를 사용한 적이 없는데 멋대로 교부의 글을 왜곡하여 독자들을 현혹하고 있음을 비판한 것이다. 교부들의 글을 왜곡하면서까지 로마 교회의 교리가 사도들과 교부들의 가르침과 일치한다고 주장하는 자들에 맞서기 위해 드 브레는 그 '방패'를 부수는 『기독교 신앙의 무기』를 저술했다. 그의 저작을 통해 그의 성도들이 성경과 교부들의 가르침으로 무장하기를 원했던 것이다. 이런 맥락에서 다음의 말을 들어 보자.

> 악하고 악취 나는 생각들로 가득한 악마적인 발명품들을 고안해 냈으면서도 자신을 교부들의 가르침 속에 있다고 말하는 자들에게 더 이상 침묵할 수 없습니다. 그들은 '교부들이 이렇게 가르쳤다'라고 이야기하며 불쌍한 사람들을 현혹합니다. 그들이 만들어 낸 주장을 받아들이지 않으면 분노하여 이렇게 소리칩니다. "저 이단자들을 불태워라! 교부의 가르침에 거역하는 자들을 불태워라!" 오 나의 주 하나님, 저 사기꾼들의 심

---

6 De Brès, *Le baston* (1555), a.7r.

정과 우리의 심정을 살피시는 하나님, 우리는 사나 죽으나 하나님의 아들 예수 그리스도와 그의 가르침만이 믿음과 사랑과 존경의 대상이 되기를 소망합니다. 이 때문에 우리는 도살장에 끌려가는 양처럼 비난을 받고 조롱을 당하고 맞으며 이곳저곳으로 피난을 다녀야 합니다.[7]

개혁신학이 성경적이라고 믿는 드 브레에게 자기들의 전통이 교부들의 편에 있다고 말하는 로마 교회의 주장은 악랄한 거짓말일 수밖에 없었다. 교부들의 가르침과 일치하지 않는 새로운 이론을 갖고서 오히려 성경적인 개혁 교회 성도들을 이단이라고 몰아붙이는 자들에 대하여 침묵할 수 없었다. 발각되어 잡혀간 그의 성도들이 '개혁 교회 신앙은 새로운 것'이라고 조롱당할 때 그저 묵묵히 침묵할 것이 아니라 당당하게 맞서 대응할 '무기'를 그들의 손에 쥐여 주기 원했다. 이를 위해 드 브레는 성경과 교부들의 글을 할 수 있는 만큼 최대한 모으기 시작했다. 성경과 교부의 글들을 주제별로 묶은 '교과서'를 활용하여 외우기를 반복하고, 대답할 것을 연습하게 하여 그의 성도들이 로마 교회 심문자들의 허술한 방패를 깨부술 수 있기를 원했다. 그래서 드 브레는 다음과 같이 격려하며 이 책을 시작한다.

---

7 De Brès, *Le baston* (1555), a.6r–v.

형제들이여, 여러분의 목숨을 바르고 거룩하고 선한 교리에 바치는 것을 두려워하지 마십시오. 우리, 오히려 이것을 기뻐합시다. 우리가 선지자들과 사도들과 교부들의 가르침, 즉 참된 교리를 붙들고 있다는 사실을요![8]

교부들의 글을 숙지한다고 해서 박해를 면할 수는 없겠지만, 그는 그의 성도들이 그들이 믿고 있는 신앙이 성경과 교부들의 가르침과 부합한다는 사실을 꼭 기억할 수 있기를 바랐다. 그래서 형장에 들어갈 때에 자신이 참된 신앙으로 인해 죽임을 당한다는 사실에 안심할 수 있기를 바랐다.

박해받는 성도들의 목사 드 브레는 그들이 처한 현실에 함께 가슴 아파 하면서도 결코 목숨을 구걸하지 않았다. 핍박을 면하기 위해 어느 정도는 타협하자고 제안하지 않았다. 박해에 맞서기 위해 폭력적인 방법을 동원하자고 선동하지도 않았다. 드 브레의 사역 방향은 박해받는 그의 성도들로 하여금 '무엇 때문에' 박해를 받는지 이해하도록 돕는 것에 있었다. 바르게 안다는 것이 박해를 피하는 길이 되지 않음을 알고 있음에도 그리스도를 바르게 아는 것이 참된 생명과 직결된다는 사실을 알려 주고 싶었다. 그래서 끌려가 죽임을 당할지라도 그리스도를 바르게 믿는 믿음 때문에 죽임을 당한다는 사실에 자부심을 느끼기

8 De Brès, *Le baston* (1555), b.1r.

를 바랐다. 죽음 앞에서도 하나님을 바르게 알고 바르게 예배한다는 이유로 피를 흘리는 것임을 잊지 않기를 바랐다.

06

/

잘 가르치기 위해 잘 배우기를 택하다
(1555-1559년, Lausanne / Geneva)

| 유학의 기회로 삼은 또 한번의 피난길 |

박해받는 고국의 성도들을 위해 돌아왔지만 드 브레의 사역은 평탄하지 않았다. 정부 당국자들의 감시는 날로 심해졌고 1555년 3월, 장미교회 성도 중 한 사람이었던 오기에(Robert Oguier)의 집에서 금지된 책들이 발견되어 그의 가족 모두가 수감되는 일이 벌어졌다.[1] 그의 가족 모두 갖은 고문을 당했고, 끝내 화형에 처해졌다.[2] 오기에 가족의 처형은 릴의 정부 관료들이 숨어 있던 개혁 교회를 더 이상 묵인하지 않았음을 보여 준다. 결국 수많은 이들이 릴을 떠났고, 드 브레는 다시 한번 피난길에 올라야 했다.[3]

---

1 Duplessis, *Lille and the Dutch Revolt*, 178.

2 Braekman, *Guy de Brès: un réformateur*, 50–51.

3 『기독교 신앙의 무기』의 1555년 판본 표지에 의하면 이 초판은 프랑스의 리옹(Lyon)에서 출판되었다. 그러나 책 출판을 위해 리옹을 방문한 것 같지는 않다. 16세기 출판물을 연구한 어떤 학자는 감시를 피하고자 리옹이라고 찍었을 뿐 사실은 당시 안트베르펜(Antwerpen)에서 엄청난 출판물을 자랑하던 플랑탱(Christophe Plantin, 1520–1589)의 출판사에서 출판되었다는 것을 밝혀냈다. Braekman, "Les éditions du ≪Baston de la Foy chrestienne≫," *Revue d'histoire et de philosophie religieuses* 56/3 (1976): 321–323. 한편, 학자들은 릴을 떠난 드 브레가 헨트(Ghent)에서 『기독교 신앙의 무기』 저술을 마무리 지었다고 추정한다. Braekman, *Guy de Brès:*

다시 한번 조국을 떠나야 했던 드 브레의 목적지는 어디였을까? 메리 여왕의 박해가 시작되어 다시 런던으로 갈 수는 없었다. 런던 피난민 시절 그의 동료들은 이미 런던을 떠나 독일에서 피난처를 찾았다. 그들을 따라 독일로 가야 할까? 조국의 성도들을 위해 목사가 되어 조국의 성도들을 위해 섬기겠다고 결심한 드 브레에게 필요한 곳은 그저 '피난처'가 아니었다. 성도들을 위해 무엇을 할 수 있을까 고민하던 드 브레의 선택은 '유학'이었다.

무엇을 위한 유학이었을까? 드 브레의 동료 크래스팽은 드 브레가 라틴어와 그리스어를 배우기 위해 스위스 로잔(Lausanne)과 제네바로 향했다고 기술한다.[4] 드 브레가 그의 첫 저작인 『기독교 신앙의 무기』를 저술할 때 인용한 교부들의 글을 보면 모두 프랑스어로 되어 있다. 그는 이미 프랑스어로 번역된 교부들의 글을 보고 인용문을 사용하거나 다른 개혁자들의 책 속에서 발견한 인용문을 그대로 가져오는 방식을 사용했다. 드 브레의 인용문과 교부의 글 원문을 직접 확인해 보면 드 브레가 원문을 직접 확인하지 않고 번역본만을 사용했다는 것을 짐작하게 해 주는 사례가 제법 발견된다.

『기독교 신앙의 무기』의 집필 동기가 성도들로 하여금 교부들의 글을 숙지하게 하여 로마 교회의 교리가 교부의 가르침과 맞지 않다는

---

un réformateur, 53.

4 Jean Crespin, *Histoire des martyrs*, t. 3, 581.

것을 증명하게 하는 데 있었다는 것을 생각해 보면 그가 왜 라틴어와 그리스어를 배우기 원했는지 쉽게 짐작할 수 있다. 그는 프랑스어로 번역된 교부들의 짤막한 글뿐 아니라 교부들의 글을 원어로 읽고 공부할 필요성을 느꼈다. 교부들의 글을 원전 그대로 공부하여 제대로 숙지할 수 있다면 로마 교회의 왜곡과 거짓말에 맞설 때 더욱 견고한 '무기'를 가질 수 있을 것으로 판단했다. 그래서 다시 한번 고향을 떠나 피난길에 올라야 했던 드 브레의 목적지는 고전어를 전문적으로 배울 수 있는 로잔 신학교(Lausanne Academy)였다.

그의 배움의 열망은 성도들을 더 잘 가르치기 위한 동기에서 비롯되었다. 또한, 그가 스위스의 로잔을 목적지로 정한 것은 그의 피난이 단순히 신변을 보호하기 위한 것만이 아니었음을 보여 준다. 드 브레는 언젠가 반드시 고국으로 돌아와 성도들을 개혁 신앙으로 양육하리라 다짐했다. 즉, 그의 피난은 도피가 아니라 더 날이 선 무기를 준비하기 위한 유학이었다.

1556년 어느 계절, 로잔으로 가는 여정에 드 브레는 프랑크푸르트(Frankfurt am Main)에 잠시 들렀다. 1553년 메리 여왕이 즉위한 이후 런던의 개혁 교회 피난민들은 다시 한번 피난길에 올라야 했고, 프랑스어와 네덜란드어를 사용하는 다수의 피난민이 프랑크푸르트에 정착했다. 피난민 교회를 이끌었던 아 라스코도 이 시기에 프랑크푸르트에 머물고 있었다. 드 브레는 로잔으로 가는 여정에 런던에서 함께했던 형제들을 만나기 위해 프랑크푸르트를 지나는 경로를 택한 것으로 보인다. 이곳에서 그는 아 라스코와 재세례파 간의 논쟁을 목도하여 재세례파의 위험성을 몸소 경험하기도 했다.[5]

독일 프랑크푸르트 광장

프랑크푸르트 프랑스어 피난민 교회의 터에 세워진 교회

5 De Brès, *La racine, source et fondement des anabaptistes* (Rouen: Abel Clemence, 1565), 87과 91을 보면 드 브레가 프랑크푸르트에서의 경험을 직접 언급하는 것을 볼 수 있다.

프랑크푸르트 프랑스어 피난민 교회

| 로잔과 제네바에서의 배움 |

1556년 어느 날, 드 브레는 마침내 스위스 로잔에 도착했다. 유학을 위해 온 만큼 드 브레는 곧바로 로잔 신학교에 등록했을 것이다.[6] 이 학교는 1537년에 세워진 학교로서, 피에르 비레(Pierre Viret, 1511-1571)가 이끌던 개혁신학 학교였다. 전문적인 신학 교육과 히브리어와 그리스어를 비롯한 고전어 교육, 그리고 성경 주해가 체계적으로 이루어졌

6 로잔 신학교의 등록 명부에서 드 브레의 이름을 찾을 수 없지만, 이어릭 더 부어(Erik A. de Boer) 교수는 1557년부터 1559년까지의 명부에 있는 제롬(Jeronime le Grand)이 드 브레를 가리킬 것으로 추정한다. De Boer, "Guy de Brès's *Le baston de la foy chrestienne*: From Personal Notebook to Patristic Anthology (1555–1565)," *Zwingliana* 40 (2013): 85–88을 보라.

다.[7] 특히, 1549년부터 베자(Théodore de Bèze, 1519-1605)가 그리스어 교수로 재직하고 있었다.[8] 이곳에서 드 브레는 당대 최고 수준의 고전어와 개혁신학 교육을 받을 수 있었다. 갈급했던 배움의 기회를 맘껏 누리며 행복해하는 드 브레의 모습을 어렵지 않게 짐작할 수 있다. 프랑스어 번역본으로만 접하던 교부의 글들을 직접 다루고 그것을 통해 로마 교회의 오류를 더 선명히 알게 되었을 때 드 브레가 느꼈을 희열을 상상해 보라.

하지만 이 기간은 오래가지 못했다. 당시 로잔의 목회자들은 베른(Bern)주의 정부 당국자들과 교회의 치리권 문제로 오래도록 논쟁 중에 있었다.[9] 드 브레가 로잔에 있던 시기에 이 갈등은 극에 달했고, 결국 1558년 베자가 교수직을 사임하고 제네바로 떠났고, 끝까지 분투하던 비레도 1559년 1월 로잔을 떠나 제네바로 향했다.[10] 드 브레가 선생님들을 따라 제네바로 향하게 된 것도 바로 이 시기, 늦어도 1559년 1월 이전이었다.

제네바 신학교(Genevan Academy)가 1559년 6월에 설립되었으므로

---

7 Henri Meylan, *La Haute École de Lausanne 1537-1937: Esquisse historique publiée à l'occasion de son quatrième centenaire*, 2nd edition (Lausanne: Université de Lausanne, 1986), 19–20. 또한, Karine Crousaz, *L'Académie de Lausanne entre humanisme et Réforme* (ca. 1537–1560) (Leiden: Brill, 2012), 396–397을 보라.

8 Michael W. Bruening, *Calvinism's first battleground: conflict and reform in het Pays de Vaud, 1528-1559* (Dordrecht: Springer, 2005), 233.

9 이 논쟁을 위해서는 R. A. Sheats, *Pierre Viret: the angel of the reformation* (Tallahasee, FL: Zurich Publishing, 2012), 151–180을 참고하라.

10 Sheats, *Pierre Viret*, 173–179.

1559년에 세워진 제네바 아카데미 터

드 브레가 제네바에 도착했을 때는 아직 정식으로 제네바 신학교의 운영이 시작되기 전이었다. 그러나 런던에서 경험했던 스터디 모임(prophecy)과 같은 시스템이 제네바에서도 이미 '모임(congrégation)'이라는 이름으로 칼뱅에 의해 이루어지고 있었다. 이 모임의 주목적은 목회자를 준비시키는 것이었다. 성경 주해뿐 아니라 설교 훈련을 비롯하여 목회자 훈련을 위한 커리큘럼으로 진행되었다.[11] 로잔에 이어 제네바에서도 드 브레는 평안함 속에서 행복한 배움의 나날들을 보낼 수

11 De Boer, *The Genevan School*, 35–92를 참고하라.

있었다. 어려서부터 존경해 온 칼뱅을 만나 그에게 직접 배울 수 있는 시간들이 드 브레에 얼마나 큰 만족감을 주었을지 쉽게 상상해 볼 수 있다. 하나님은 그렇게 박해받는 성도들의 목사 드 브레를 당대 최고의 선생들에게 신학 교육을 받을 수 있도록 준비시키셨다.

드 브레가 로잔과 제네바에서 신학 교육을 받았던 목적은 고국의 성도들을 더 잘 가르치기 위함이었다. 이는 그가 스위스에서 배우던 그 시기에 그의 첫 저술 『기독교 신앙의 무기』를 세 번이나 개정한 것을 통해 알 수 있다. 1555년 초판을 저술했던 드 브레는 1558년 한 해 동안 이것을 두 번이나 개정했다. 학자들은 이 두 판본을 1558/1판과 1558/2판으로 부른다.

1558/1판에서는 1555년에서 미흡하게 다루었던 부분들을 고치고 보완하였다. 가령 성경 구절의 배열을 가다듬고 인용문의 출처를 수정하는 정도의 개정이 이루어졌다. 하지만 1558/2판에서는 대대적인 수정이 이루어졌는데, 특히 성부, 성자, 성령에 대한 세 장(章)을 추가하고 전체 목차의 순서를 바꾼 것은 책 전체를 대대적으로 수정한 결과였다. 먼저 삼위일체를 다루고 나서 기독론과 교회론 순으로 다루는 일반적인 교의학 순서를 반영하였다. 아마도 로잔과 제네바에서 뛰어난 학자들의 수업과 저서를 접하며 그의 책도 그러한 순서로 재배열하는 것이 좋겠다고 판단했기 때문에 이러한 수정 과정을 거쳤을 것이다.

1년 뒤인 1559년에는 다시 한번 개정판을 출판했는데, 세례에 대한 장이 추가되어 23개의 장으로 구성되었다. 목차의 변화를 표로 나타내 보면 다음과 같다.

	1558년 첫 번째 판본	1558년 두 번째 판본	1559년 판본
1.	성찬에 관하여	하나님과 그의 속성에 관하여	하나님과 그의 속성에 관하여
2.	하나님 앞에서의 고백과 고해성사에 관하여	그리스도와 그의 속성에 관하여	그리스도와 그의 속성에 관하여
3.	맺고 푸는 권세에 관하여	성령과 그의 속성에 관하여	성령과 그의 속성에 관하여
4.	자유의지에 관하여	율법에 관하여	율법에 관하여
5.	공로와 선행, 칭의에 관하여	자유의지에 관하여	자유의지에 관하여
6.	율법에 관하여	칭의의 근거에 관하여	칭의의 근거에 관하여
7.	연옥에 관하여	공로에 관하여	공로에 관하여
8.	성인 숭배에 관하여	유일한 중보자에 관하여	유일한 중보자에 관하여
9.	유일한 중보자에 관하여	교회의 권위에 관하여	교회의 권위에 관하여
10.	성상을 교회당에 두는 것이 합당한가에 관하여	하나님 앞에서의 고백, 이웃과의 화해, 그리고 고해성사에 관하여	세례에 관하여
11.	금식에 관하여	성찬에 관하여	하나님 앞에서의 고백, 이웃과의 화해, 그리고 고해성사에 관하여
12.	결혼에 관하여	성경에 관하여	성찬에 관하여

13.	맹세에 관하여	성도들의 모임에 관하여	성경에 관하여
14.	교회의 권위에 관하여	믿음을 강요하는 문제에 관하여	성도들의 모임에 관하여
15.	성경에 관하여	성도들을 박해하는 위정자들에 관하여	결혼에 관하여
16.	성도들의 모임에 관하여	결혼에 관하여	맹세에 관하여
17.	강제로 믿음을 강요하는 문제에 관하여	맹세에 관하여	금식에 관하여
18.	신앙을 이유로 박해하는 위정자들에 관하여	금식에 관하여	성인 숭배에 관하여
19.		성인 숭배에 관하여	성상에 관하여
20.		성상에 관하여	연옥에 관하여
21.		연옥에 관하여	믿음을 강요하는 문제에 관하여
22.			성도들을 박해하는 위정자들에 관하여
23.			정부의 권한에 관하여

로잔과 제네바에서 드 브레는 교리를 다루는 방식에 대해 배웠을 것이고, 그것을 그의 책에 반영했다. 어떻게 하면 성도들을 더 체계적으로 가르칠 수 있을지 고민한 결과, 1558-1559년의 1년 남짓의 시간 동안 세 번의 개정판을 출판했다. 드 브레는 잡히면 언제든 끌려가 심문을 받아야 하는 그의 성도들을 위해 그들이 대답할 것을 준비케 하

는 것을 그의 사명으로 여겼다. 성경과 교부들의 글을 할 수 있는 한 최대로 모아 주제별로 엮은 그의 첫 저술이 드 브레 목사의 그런 사명을 잘 보여 준다.

목사에게 있어 배움이란 평생 해야 하는 일이다. 또한, 그 배움의 목적은 잘 가르치기 위함이어야 한다. 꿈만 같았던 스위스 유학 시절 드 브레는 어떻게 하면 그의 성도들을 잘 가르칠 수 있을지 고민했고, 그 시기 동안 그의 저술을 세 번이나 개정하였다. 당대 최고의 신학자들에게 양질의 학문을 배우면 배우는 족족 그의 저술에 반영하였다. 드 브레게 있어 '좋은 목사'란 바른 교리를 바르게 가르치는 주의 일꾼이었음이 분명하다.

제네바에서 그토록 꿈꿔 왔던 전문적인 신학 교육을 받으며 행복해하는 드 브레를 어렵지 않게 상상할 수 있지만, 그 행복한 시절을 뒤로하고 다시 고국으로 향한 드 브레의 결정을 이해하는 것은 자연스러운 일이 아니다. 1559년 6월에는 제네바 신학교가 공식적으로 개교하였는데, 드 브레가 그때 거기에 있었는지는 확실치 않다. 제네바에 머문다면 바른 교리를 배우며 사는 안전하고 행복한 삶이 보장되었지만, 드 브레는 자신이 배운 것을 자기만 알고 있을 수 없었다. 자신이 무엇을 위해 유학을 선택했는지 잊지 않았다. 때마다 그의 시선을 고국의 성도들에 두었다. 과거 런던에서 그 행복한 시절을 마다하고 박해가 들끓는 고국으로 돌아왔던 드 브레는 이번에도 제네바에서 그토록 존경하는 스승들과의 만남을 뒤로하고 1559년 어느 날, 그의 고국인 저지대로 향했다.

LE BASTON DE
LA FOY CHRESTIENNE,
pour s'armer contre les ennemis
de l'Euangile: & aussi pour
cognoistre l'ancienneté
de nostre foy, & de la
vraye Eglise.

Recueilli des liures des anciens Docteurs de l'Eglise,
& des Conciles, & de plusieurs autres Autheurs.

qui arrouse: mais Dieu qui
Celuy qui plante n'est rien, ne celuy
donne accroissement. 1.Corinth.3.

Chez Nicolas Barbier, & Thomas Courteau.
M. D. LVIII.

Le baston 1558/1판 표지

LE BASTON DE
LA FOY CHRESTIENNE,
propre pour rembarrer les ennemis
de l'Euangile: par lequel on
peut aussi cognoistre l'ancien
neté de nostre foy, & de
la vraye Eglise.

Recueilli de l'Escriture saincte, & des liures des anciens Docteurs de l'Eglise, & des Conciles, & de plusieurs autres Autheurs.

Reueu & augmenté de nouueau.

qui arrouse: mais Dieu qui
Celuy qui plante n'est rien, ne celuy
donne accroissement. 1.Corinth.3.

Chez Nicolas Barbier, & Thomas Courteau.
M. D. LVIII.

Le baston 1558/2판 표지

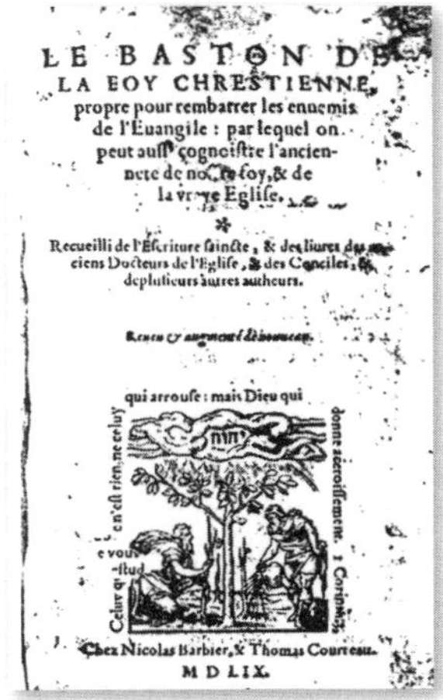
LE BASTON DE
LA FOY CHRESTIENNE,
propre pour rembarrer les ennemis
de l'Euangile: par lequel on
peut aussi cognoistre l'ancien-
neté de nostre foy, & de
la vraye Eglise.

Recueilli de l'Escriture saincte, & des liures des anciens Docteurs de l'Eglise, & des Conciles, & de plusieurs autres autheurs.

Reueu & augmenté de nouueau.

qui arrouse: mais Dieu qui
Celuy qui plante n'est rien, ne celuy
donne accroissement. 1.Corinth.3.

Chez Nicolas Barbier, & Thomas Courteau.
M D LIX.

Le baston 1559판 표지

07

두 번째 사명을 확인하다: 개혁 교회를 변호하는 사역

(1559-1561년, Tournai)

| 벨직 신앙고백서가 쓰인 투르네에서의 사역 |

로잔과 제네바에서 개혁신학으로 무장한 드 브레가 조국으로 돌아와 정착한 곳은 투르네(Tournai, 네덜란드어로 Doornik, 현 벨기에)였다. 학자들은 드 브레가 그의 아내 카트린 라몽(Catherine Ramon)을 만난 곳이 투르네였을 것으로 추정한다.[1] 우리가 가진 정보는 그들의 첫째 아들 이스라엘이 1560년 8월에 태어났다는 것뿐이다.[2] 따라서 적어도 1559년 말에는 드 브레가 그의 아내를 만나 결혼했을 것이라고 가정할 때, 늦어도 1559년 겨울 이전에는 투르네에 도착했을 것으로 추정할 수 있다. 투르네의 역사를 연구한 학자는 당시 25,000명의 투르네 인구 중 절반 이상이 칼뱅주의에 동조했다고 이야기한다.[3] 1540년대 칼뱅의 글들이 회람되고, 브룰리 목사의 순교로 심어진 씨앗들이 많은 열매를 맺고 있었던 것이다.

---

1 Van Langeraad, *Guido de Bray*, 25와 Braekman, *Guy de Brès: un réformateur*, 60을 보라.

2 Van Langeraad, *Guido de Bray*, 24–25.

3 Moreau, *Histoire du Protestantisme à Tournai*, 150–151.

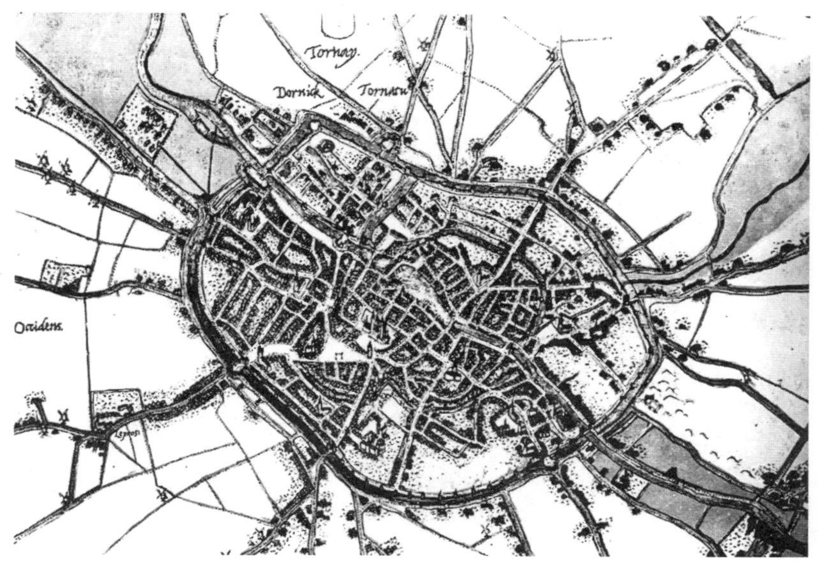

16세기 투르네(Tournai) 지도

드 브레의 투르네에서의 사역 역시 릴을 중심으로 하던 사역과 크게 다르지 않았다. 투르네의 개혁 교회 성도들은 박해의 위험 속에서 종려나무(La Palme)라는 가명으로 비밀리에 모여 신앙생활을 하던 이들이었다. 드 브레는 제롬(Jérôme)이라는 가명으로 사역하였고, 감시를 피해 변장을 하며 성도들을 돌보았다.[4] 이곳에서 드 브레가 어떤 목회를 했는지 사료가 남아 있지는 않지만, 그가 로잔과 제네바에서 '목회를 위한 유학'을 한 만큼 그가 배워 온 개혁신학을 성도들에게 바르게 가르

4 Braekman, *Guy de Bres: Sa vie*, 135.

치는 일에 사명감을 가지고 활동했을 것으로 추정할 수 있다. 성도들에게 개혁 신앙이 로마 교회의 신앙과 무엇이 다르고, 동시에 다른 이단들, 특히 재세례파의 주장과 무엇이 다른지 교육하는 일에 집중하는 드 브레 목사를 상상해 보자. 드 브레는 개혁 교회의 가르침이 성경 말씀을 가장 잘 가르치는 교리라 확신하던 개혁자였다. 그래서 그것을 성도들에게 가르치는 일에 자신의 목숨을 걸었던 목회자였다.

투르네 노트르담 대성당

그러나 사역의 열매가 맺어지고 있던 투르네에서 예상치 못한 일이 발생했다. 1561년 9월, 인접 도시 발랑시엔(Valencienne)에서 사람들이 거리에 나와 시편을 부르며 행진하는 일이 벌어졌고, 이 시편찬송행진(chanteries)이 투르네에까지 번졌다. 감시와 핍박을 피해 비밀리에 모여야만 했던 자들이 거리에 나와 시편을 부르며 행진한다는 것은 가히 파격적인 사건이었다. 개혁 교회의 성도 숫자가 늘어서 자신감이 붙었을까? 아니면 이들을 선동하는 누군가가 있었을까? 투르네의 역사를 연구한 한 학자의 설명이 이런 파격적인 행동의 이유를 잘 설명해준다. 그는 1559년 앙리 2세(Henry II, 1519-1559)의 예기치 못한 죽음이 프랑스 내에 정치적 긴장을 일으켰고, 이런 배경 속에서 1561년에는 위그노와 로마 교회를 화해시키려는 푸아시 회담(Colloquy of Poissy)이 열리기도 했다는 사실에 주목한다.[5] 이렇게 이웃 나라 프랑스에서 종교의 자유에 관한 논의가 이루어지자 저지대 내에서도 그러한 기대가 전해졌다는 것이다.

이런 배경 속에서 누군가 '우리도 종교의 자유를 얻을 수 있다'고 외쳤을 것이다. 누군가가 '용기를 갖고 거리에 나가자'고 화답했을 것이다. 이들은 박해받는 설움을 자신감에 찬 분노로 표출시켰다. 거리에서 시편을 찬송하며 행진하는 일이 성도들 입장에서는 평화로운 시위

5 Moreau, *Histoire du Protestantisme à Tournai*, 152–155.

였을지 몰라도 위정자들이 보기에는 반란과 다름없었다. 지하에 숨어 있어야 할 사람들이 공적인 자리에 모습을 당당히 드러내며 '우리에게도 자유를 달라'고 압박하는 행위였다.

그들의 목회자 드 브레는 틀림없이 이 시편찬송행진 사건에 반대했을 것이다. 그는 개혁 교회가 이런 방식으로 위정자들의 심기를 건드리는 일을 해서는 안 된다고 확신하던 사람이었다. 우리는 당시 저지대에 재세례파의 숫자가 상당했음을 기억해야 한다. 재세례파 무리는 1534년에 폭력적으로 독일의 뮌스터(Münster)를 점령하였다가 1년 만에 함락당해 처벌을 받은 적이 있었다. 이 사건 이후 위정자들의 눈에 재세례파는 항상 반란을 꾸미는 반동분자로 여겨졌다.[6] 이후 저지대에 정착한 재세례파의 분파인 메노파(Mennonites)가 아무리 '평화'를 슬로건으로 내걸었어도 위정자들의 눈에 그들은 여전히 뮌스터에서 반란을 일으켰던 무리와 다름이 없었다. 이런 상황 속에서 드 브레는 개혁 교회가 재세례파와 반드시 분명한 선을 그어야 한다고 판단했다. 위정자들에게 우리 개혁 교회는 반란을 일으키려는 자들이 아님을 보여 주어야 한다고 생각했다. 그런데 위정자들에게 의심을 살 만한 다소 과격한 시편찬송행진 사건이 벌어진 것이다. 드 브레가 그렇게도 지키고 싶었던 개혁 교회의 정체성을 한순간에 무너뜨릴 수 있는 위험한 사건이었다. 그가 염려하던 대로 결국 이 일은 박해로 이어졌다.

---

6 강병훈, "귀도 드 브레(Guido de Brès, 1522–1567)의 재세례파 반대의 이유," 79–82.

숨어 있던 칼뱅주의자들이 거리에 나와 노래를 부른 이 일은 당시 저지대를 섭정으로 다스리던 마가렛(Margaretha van Parma, 1522-1586)에게 개혁 교회를 박해할 구실을 제공했다. 결국 사건의 진상을 조사하는 조사관들이 투르네에 파견되었고, 개혁 교회 성도들은 이전보다 더 큰 위험에 처하게 되었다.

그렇게 조사관들의 검열과 소환, 감시가 한창이던 11월 1일 밤, 누군가 서류 뭉치 하나를 투르네 성벽 너머로 던졌다. 이 서류 뭉치에는 투르네 개혁 교회 성도들이 결코 반란을 일으키는 자들이 아님을 호소하는 편지와 신앙고백서가 동봉되어 있었는데, 이 신앙고백서가 우리에게 벨직 신앙고백서로 알려진 그것이었다. 드 브레는 개혁 신앙을 가르치는 일에 온 힘을 다하고 있었고 개혁 교회는 나날이 성장하고 있었다. 그러나 몇몇의 선동으로 인해 벌어진 섣부른 시편찬송행진 사건이 마가렛 섭정에게 개혁 교회 박해의 빌미를 제공했다. 바로 이것이 벨직 신앙고백서 작성의 배경이었다.

같은 해에 공식적으로 출판된 벨직 신앙고백서 초판(1561)에는 국왕 펠리페 2세에게 보내는 편지가 서문에, 그리고 위정자들에게 보내는 탄원서가 부록에 첨부되어 있다. 이 두 문서는 각각 국왕과 위정자들에게 이 신앙고백서가 저지대 개혁 교회 성도들이 '반란'과는 상관없이 결백하다고, 그리고 개혁 교회의 신앙이 결코 이단적이지 않음을 보여줄 것이라고 이야기하고 있다.

이런 저술 배경을 생각해 보면, 왜 유독 벨직 신앙고백서에 재세례파를 반대하는 표현이 빈번히 나오는지 그 이유를 이해할 수 있다. 저지대의 개혁 교회는 그들이 반란을 일으키려는 재세례파와는 다르다는 것을 더욱 분명히 보여 주어야 했다. 박해의 위험에 빠진 개혁 교회의 목사 드 브레는 우리 성도들이 믿는 신앙이 성경 말씀에 부합한다는 것을, 또한 결코 반란을 일으키려는 자들이 아님을 보여 주어야 했다. 이것이 벨직 신앙고백서의 저술 배경이었다.

이런 배경 속에서 벨직 신앙고백서 1항을 읽으면 그 의미가 조금 다르게 와 닿는다. 1561년 초판의 1항은 다음과 같다.

> 우리 모두는 단일하고 유일하신 영적 실재이신 하나님을 마음으로 믿고 입으로 고백합니다. 그는 영원하시고, 이해될 수 없으시고, 보이지 않으시고, 불변하시고 무한하시며, 지혜롭고, 정의롭고, 선하신 하나님입니다.[7]

박해 속에서 항상 숨어 지내야 했던 이들이었지만, 그들은 하나님의 지혜와 정의와 선하심을 믿음으로 고백했다. 친구들이 잡혀가고 형제

---

7 Eberhard Busch, "Confessio Belgica von 1561," in *Reformierte Bekenntnisschriften*, Bd. 2/1 1559–1563 (Neukirchen–Vluyn: Neukirchener Verlag, 2009), 324: "Nous croyons tous de coeur et confessons de bouche, estre une seule et simple essence, spirituelle, laquelle nous appelions Dieu, eternel, incomprehensible, invisible, immuable, infini, lequel est tout sage, juste et bon."

자매들이 하나둘씩 붙잡혀 가 심문을 당해야 하는 '이해할 수 없는' 상황 속에서도 영원하시고 불변하시는 하나님의 속성을 마음으로 믿고 입으로 고백했다. 시편찬송행진으로 또다시 피난길에 올라야 할지도 모르는 상황도 선하신 하나님에 대한 그들의 견고한 믿음을 약화시키지는 못했다. 벨직 신앙고백서를 처음으로 고백했던 이들이 얼마나 가혹한 박해 상황 가운데 있었는지 염두에 두고 신앙고백서를 읽으면 한 구절 한 구절이 먹먹한 울림으로 다가온다.

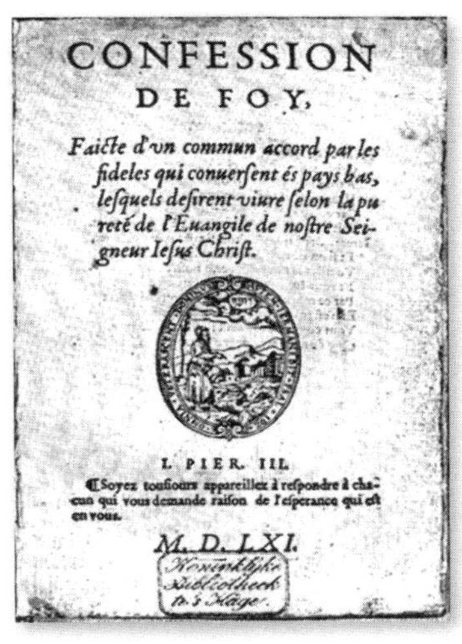
CONFESSION
DE FOY,
Faicte d'vn commun accord par les fideles qui conuersent és pays bas, lesquels desirent viure selon la pureté de l'Euangile de nostre Seigneur Iesus Christ.

I. PIER. III.
Soyez tousiours appareillez à respondre à chacun qui vous demande raison de l'esperance qui est en vous.

M. D. LXI.

벨직 신앙고백서 1561년 초판 표지

| 왜 새로운 신앙고백서를 작성해야 했을까? |

벨직 신앙고백서는 프랑스어로 기록되었는데, 일반적으로 벨직 신앙고백서가 1559년에 작성된 프랑스 신앙고백서(또는 갈리칸 신앙고백서)를 모델로 하여 저술되었다고 평가된다. 실제로 둘 사이를 비교해 보면 상당수의 진술이 일치한다. 하지만 벨직 신앙고백서가 프랑스 신앙고백서를 그저 복제한 것이 아님을 간과해서는 안 된다. 벨직 신앙고백서를 연구한 고재수(Nicolaas H. Gootjes)는 드 브레가 프랑스 신앙고백서의 구조를 가져오면서 동시에 베자의 신앙고백서의 내용을 반영했다고 설명한다.[8] 이어릭 더 부어(Erik A. de Boer)는 프랑스 신앙고백서와 비교했을 때 벨직 신앙고백서의 성경에 관한 조항들(3-7항)이 더 확장된 것은 드 브레의 개인 관심에서 비롯된 결과이며, 그 관심은 그의 첫 저술 『기독교 신앙의 무기』에서도 드러난 것이라고 이야기한다.[9] 어쨌든 분명한 것은 벨직 신앙고백서가 단순히 다른 어떤 문서의 복제품이 아니었다는 것이다.

또 하나 언급해야 하는 것은 벨직 신앙고백서를 드 브레의 단독 저작으로 보지 않는 경향에 관한 것이다. 물론, 벨직 신앙고백서는 출판된 직후인 1560년대 초반부터 저지대 개혁 교회의 공식 문서가 되어

8 Nicolaas H. Gootjes, *The Belgic Confession: Its History and Sources* (Grand Rapids: Baker, 2007), 71–91.

9 De Boer, "The Articles on Scripture in the Confessio Belgica and in *Le baston de la foy chrestienne*," in Peter J. Tomson, Andreas J. Beck, Erik de Boer (eds.), *The Confessio Belgica at 450, Analecta Bruxellensia* 15 (2012), 105–122.

지금까지도 네덜란드 개혁 교회의 신앙고백서 역할을 하고 있기에 그것을 한 개인의 신앙고백이라고 볼 수는 없다. 그러나 그것을 공동 저작으로 보는 것은 별개의 문제다. 앞서 더 부어의 연구를 언급했듯 벨직 신앙고백서의 성경에 관한 조항들은 드 브레의 개인 관심을 반영한다. 그뿐 아니라 벨직 신앙고백서 곳곳에는 드 브레의 다른 저술들과 일치하는 내용이 담겨 있다. 고재수(Gootjes)가 지적하는 것처럼 벨직 신앙고백서의 공동 저작설은 오히려 벨직 신앙고백서의 권위를 무너뜨리려는 알미니안에 대항하기 위해 '우리의 신앙고백'은 한 개인의 신앙고백이 아니라 '우리 교회의 신앙고백'이라는 것을 강조하는 맥락에서 나온 것이며, 저술의 문제에 있어서는 드 브레 단독 저작이 분명하다.[10] 즉, 드 브레가 벨직 신앙고백서의 '기초'를 작성했다는 표현은 적절하지 않다.

그렇다면 드 브레는 왜 '새로운' 신앙고백서를 작성했을까? 이미 2년 전에 같은 언어로 기록된 프랑스 신앙고백서가 있었고, 드 브레 자신도 그것을 참고하여 신앙고백을 작성하고 있었다. 크게 다르지 않은 신앙의 고백이라면, 더욱이 그것이 같은 언어로 되어 있다면 프랑스 신앙고백서를 그대로 사용해도 되지 않았을까?

드 브레는 프랑스 신앙고백서를 '우리의 신앙고백서'로 제출할 수

10 벨직 신앙고백서의 저자 문제에 관해서는 Gootjes, *The Belgic Confession*, 33–48과 Byunghoon Kang, *Guy de Brès on the Lord's Supper: as the Focus of his Ministry and Theology*(Kampen: Summum, 2023), 140–142을 참고하라.

없었다. 그 이유는, 앞서 살펴보았듯 신앙고백서 저술의 목적이 '우리는 반란을 일으키려는 자들이 아님'을 보여 주어야 했다는 사실을 통해 유추할 수 있다. 당시 저지대의 공식적인 통치자는 스페인의 왕 펠리페 2세였다. 펠리페 2세는 이웃 나라 프랑스의 위그노들을 반동분자로 인식하고 있었고, 위그노로 인해 발생한 혼란의 불씨가 저지대로 옮겨 오지는 않을까 염려했다. 즉, 저지대 개혁 교회가 프랑스 위그노의 신앙고백서를 '우리의 신앙'이라고 공식적인 문서로 말하는 것은 저지대의 개혁 교회가 결코 해서는 안 되는 일이었다.

드 브레는 그러한 정치적 이해관계에 밝은 사람이었다. 그래서 드 브레는 이미 프랑스어로 작성된, '같은 신앙'을 고백하는 신앙고백서가 있었음에도 저지대 개혁 교회의 신앙이 무엇인지 보여 주기 위해 새로운 신앙고백서를 작성해야만 했다. 이를 통해 저지대 개혁 교회가 성경적 가르침에서 벗어나지 않았다는 것을, 또한 반란을 일으키려는 자들이 아니라 이성적이고 합리적이며 질서 있는 교회라는 것을 보여 주고자 한 것이다.

하지만 신앙고백서와 탄원서를 투르네 성벽 너머로 던지는 일 외에 드 브레가 할 수 있는 일은 없었다. 종려나무 교회 성도들은 결코 폭도들이 아니었지만 그들을 위한 드 브레의 결백 주장은 소용이 없었고, 위협과 협박 속에서 수십 명이 재판장에 끌려가 처형되었다. 투르네 개혁 교회의 지도자였던 '제롬(드 브레의 가명)'을 잡으려고 혈안이 되어 있을 조사관들의 눈을 피해 가며 투르네에서 버티는 일은 결코 현명한 일이 아니었다. 그렇게 드 브레는 또다시 피난길에 올랐다. 마가렛이 파견한 조사관들은 끝내 드 브레를 찾지는 못했지만 그에게 화형을 선고했다.[11]

한편, 1562년 1월 10일, 제롬을 찾던 조사관들은 드디어 드 브레가 머물렀던 은신처를 발견했다. 그들이 무엇을 발견했는지 섭정에게 보고한 기록이 남아 있는 덕분에 우리는 드 브레가 무엇을 공부하고 있었는지 단서를 얻을 수 있다. 그들의 보고는 다음과 같다.

> [이곳에서] 프랑스어와 라틴어로 된 칼뱅, 루터, 멜란히톤, 외콜람파디우스, 츠빙글리, 부써, 불링거, 브렌츠 및 기타 모든 이단 지도자의 글들과, 그들의 신앙고백서 200부의 사본, 그리스어로 된 일부 책을 비롯하여 금지된 이단성의 저술들과 소책자와 설교문들이 대량으로 발견되었습니다. 모든 것들이 우리 성 안으로 던져진 서류와 동일한 글자와 문자로 쓰여 있었습니다. 즉, 그것들은 귀도(Guy)가 작성한 것이 틀림없습니다.[12]

조사관들의 발견과 이 보고 덕분에 우리는 드 브레가 신앙고백서를 저술하기 위해 얼마나 성실히 연구했는지 알 수 있다. 그는 할 수 있는

11 Braekman, *Guy de Bres: Sa vie*, 180.
12 Braekman, "In Dienst van de Kerken Onder het Kruis," in Braekman and Erik de Boer (eds.), *Guido de Bres: zijn leven, zijn belijden* (Utrecht: Kok, 2011), 185.

한 많이 동료 종교개혁자들의 글을 연구했고, 로잔과 제네바에서 유학한 목적대로 그리스어와 라틴어의 글들까지 섭렵했다. 단순히 신앙고백서 저술만을 위해 그 책들을 읽지는 않았을 것이다. 그의 사명과 성품을 생각할 때 드 브레는 투르네에서 사역하던 시기에도 성도들을 잘 가르치기 위해 지속적으로 공부하고 있었다는 것을 알 수 있다.

| 벨직 신앙고백서의 승인과 수용 |

1561년 초판은 프랑스의 루앙(Rouen)에서 출판되었다.[13] 앞서 이야기한 대로 첫 판본에는 스페인 국왕에게 보내는 편지와 위정자들에게 보내는 탄원이 함께 첨부되었다. 그리고 같은 해에 리옹(Lyon)에서도 출판되었는데, 루앙에서 출판된 것과 표지도 다르고 출판업자도 달랐다.[14] 1562년에는 출판 장소와 출판인에 대한 어떤 정보도 없이 두 판본이 출판되었는데, 모두 리옹의 스타일을 따르고 있다.[15] 이처럼 벨직 신앙고백서는 출판 직후에 여러 판본이 출판될 만큼 수요와 공급이 활발하게 이루어졌다.

벨직 신앙고백서의 첫 공식 승인은 1563년 4월 26일의 노회(synod)

---

13 Jean-François Gilmont, "Premières éditions françaises de la Confessio belgica (1561–1562)," *Quaerando* 2/3 (1972): 175–177.

14 Jean-François Gilmont, "La publication et la diffusion de la Confession Belgica," in Andreas J. Beck, Erik A. de Boer, Peter De Mey (eds.), *The Confessio Belgica at 450, Analecta Bruxellensia* 15 (2012), 44–45.

15 Gilmont, "La publication et la diffusion de la Confessio Belgica," 45–46, Gootjes, *The Belgic Confession*, 25–27.

기록을 통해 알 수 있다. 이날 남부 저지대 개혁 교회 성도들은 안트베르펜(Antwerpen)에 모여 박해받는 현실을 어떻게 극복할 수 있을지 논의했는데, 모든 목사와 집사는 반드시 그들 사이에 일치된 신앙고백서에 서명해야 한다는 결정에 동의했다.[16] 즉, 벨직 신앙고백서는 출판 직후 저지대 성도들 사이에 회람되고 있었으며 그들 사이에 이미 합의를 이루고 있었음을 알 수 있다. 박해받는 현실 속에서 그들은 할 수 있는 대로 자주 모여 그들의 상황을 논의했고 1563년 6월과 10월, 그리고 1564년 6월과 11월에도 함께 모여 '하나'임을 확인했다.[17] 1565년 성령강림절에 안트베르펜에서 모였을 때는 그들의 연합을 위해 노회(혹은 대회)가 열릴 때마다 신앙고백서가 먼저 낭독되어야 함을 결정했다.

특히, 1566년에 안트베르펜에서 열린 대회에서는 신앙고백서를 수정할 것을 결정했는데, 유니우스(Franciscus Junius, 1545-1602)가 수정을 맡았고, 이 본문이 같은 해에 제네바에서 출판되었다.[18] 이후 유니우스에 의해 개정된 1566년 판본이 공식적인 본문으로 여겨졌고, 1618-

---

16 1560년대 초 저지대 남부 개혁 교회들의 모임과 결정에 관해서는 *Livre Synodal contenant les articles résolus dans les Synodes des Églises wallonnes des Pays-Bas*, Tome I: 1563–1685 (La Haye: Martinus Nijhof, 1896)를 참고하면 좋다.

17 F. R. J. Knetsch, "Church Ordinances and Regulations of the Dutch Synods Under the Cross (1563–1566) Compared with the French (1559–1563)," in James Kirk (ed.), *Humanism and reform: the church in Europe, England and Scotland, 1400-1643: essays in honour of James K. Cameron* (Oxford: Blackwell, 1991), 187–203.

18 Braekman, *Guy de Bres: Sa vie*, 175. 드 브레가 작성했던 초판과 비교할 때 내용이나 신학적인 측면에서 수정이 이루어진 것은 아니었다. 더욱 명확한 표현을 위해 문구를 삽입하거나 오탈자 교정 작업 정도가 이루어졌을 뿐, 전면적인 수정은 아니었다. Kang, *Guy de Brès on the Lord's Supper*, 142–148을 참고하라.

1619년 도르트 총회 당시에도 이 본문이 사용되었다.[19]

1567년, 저지대 개혁 교회를 근절하기 위한 군사적인 개입이 본격적으로 시작되자 개혁 교회 노회와 총회는 더 이상 국내에서 열릴 수 없었다. 1568년에는 임시로 독일의 베젤(Wesel)에 모였는데, 이때 다시 한 번 모든 목사 안수 대상자는 신앙고백서와 하이델베르크 교리문답에 동의하는지 확인받아야 함을 규정했다.[20] 이후, 저지대 개혁 교회의 첫 전국 총회로 여겨지는 1571년 독일의 엠덴(Emden) 총회에서 벨직 신앙고백서가 다시 한번 공식적으로 비준되었다.[21] 이후, 개혁 교회는 모일 때마다 그들의 신앙이 벨직 신앙고백서 안에서 하나임을 지속적으로 확인했고 모든 목사가 신앙고백서에 서명해야 한다고 결정했다.[22] 그리고 1618-1619년에 열린 도르트 총회에서 벨직 신앙고백서의 프랑스어, 네덜란드어, 라틴어의 공식적인 본문이 각각 확정되었다.

이렇게 네덜란드의 공식적인 신앙고백 문서로 자리 잡은 벨직 신앙고백서는 네덜란드에서 신학적인 논쟁이 벌어질 때마다, 그들의 신앙의 현주소를 확인할 때마다 개혁 교회가 돌아가야 하는 교리적 표준이

---

19 Braekman, *Guy de Bres: Sa vie*, 175–176.

20 P. Korteweg, *Guido de Brès (1522-1567)* (Barneveld: Koster, 2010), 152.

21 Korteweg, *Guido de Brès (1522-1567)*, 152.

22 네덜란드 개혁 교회는 1574년과 1578년에 도르트레흐트(Dordtrecht)에서, 1581년에는 미델뷔르흐(Middelburg), 1586년에는 헤이그(Den Haag)에서 모였다. Korteweg, *Guido de Brès (1522-1567)*, 152를 참고하라.

되어 오늘날까지 이르렀다. 네덜란드 개혁 교회가 교회의 하나 됨을 이야기할 때마다 단 한 번도 교리의 일치성을 배제한 적이 없었다는 사실은 교회의 연합이 어떤 근거로 이루어져야 하는지 많은 것을 시사해 준다.

벨직 신앙고백서가 16세기부터 시작하여 지금까지도 네덜란드 개혁 교회 교리의 근간을 이룬다는 점은 이 문서가 개혁 교회의 교리를 공부하는 이들에게 아주 좋은 문서라는 것을 의미한다. 그런 점에서 개혁신학을 따르기 원하는 한국 교회 성도 중 제법 많은 이들이 벨직 신앙고백서로 교리를 배우기 시작했다는 점은 유의미한 발전이고, 앞으로 더 많이 장려되어야 할 일이다.

그러나 벨직 신앙고백서를 이해할 때 우리가 놓치지 말아야 할 중요한 사실은 그것이 '신앙고백'이었다는 점이다. 처음 그것을 작성했던 드 브레도, 그와 함께 그것을 고백했던 저지대 개혁 교회 성도들도 박해의 위협 속에서 목숨을 걸고 그들의 신앙을 고백했던 이들이었다. 형제자매가, 이웃이 하나둘씩 잡혀가고 있는 상황 속에서도 그들은 하나님은 지혜로우시며 정의로우시고 선하시다고(1항), 우리 하나님은 이 세상 모든 것을 다스리시고 통치하신다고(13항), 하나님께서 악인들은 벌하시며 그 백성들의 눈물을 닦아 주실 것이라고(37항) 마음으로 믿고 입으로 시인하여 고백했다. 이처럼 벨직 신앙고백서가 초기 저지대 개혁 교회 성도들이 많은 눈물과 피로 서명하며 고백했던 신앙고백임을 기억하며 읽을 때 우리도 어떤 마음과 어떤 생각으로 우리의 믿음과 교리를 고백해야 하는지 많은 것을 배울 수 있을 것이다.

08

개혁 교회와 성도들을 향한 멈출 수 없는 사랑
(1562-1566년, Sedan)

| 또다시 피난길로 |

시편찬송행진의 여파로 다시 한번 피난길에 올라 또다시 섬기던 교회를 떠나야 했던 드 브레의 심정이 어땠을까? 사랑하는 성도들이 순교하는 모습을 지켜봐야 했던 목회자의 심정이란 어떤 것일까? 지속되는 박해 속에서 '무력 투쟁'이라도 해야 했던 것은 아닐까? 박해 속에서도 성도들을 그저 바른 지식과 성경적인 교리로 무장시키려 하는 것이 과연 책임 있는 목회자의 모습이었을까? 복잡하고 아팠을 드 브레의 심정이 그려진다.

다시 한번 조국을 떠나야 했던 드 브레는 1562년 프랑스의 아미앵(Amiens), 디에프(Dieppe), 몽디디에(Montdidier)와 같은 곳들을 돌아다니며 고국의 성도들을 도울 방도를 찾았다.[1] 프랑스 도시들로 피난을 간 이유는 아마도 위그노들과 접촉하여 고국의 개혁 교회 상황을 위해 그들과 무언가를 함께 할 수 있지는 않을까 고민하며 도모하기 위함이

1 Crespin, *Histoire des martyrs*, t. 3, 581.

아니었을까? 그러나 위그노들의 상황도 결코 녹록지 않았다. 1562년 3월, 바시(Vassy)라는 조그마한 마을에서 위그노를 학살하는 일이 발생했고, 이는 프랑스 종교전쟁의 시작을 알렸다.

저지대와 프랑스의 정치 종교적 상황이 어두워져 갔지만 드 브레는 소망을 잃지 않았다. 이 기간에 드 브레는 고국의 성도들을 위해 무엇을 할 수 있을지 고민하며 행동했고, 위험을 무릅쓰고 여러 차례 조국에 들어가 개혁 교회 노회에 참석하여 박해의 위협 속에서 개혁 교회가 무엇을 할 수 있을지 함께 모여 의논했다.[2]

언제나 우리의 생각을 뛰어넘어 역사하시는 하나님께서 이 기간에 드 브레에게 디에프에서 뜻밖의 인연을 만나게 하셨는데, 스당(Sedan) 공국의 군주 앙리 로베르(Henri-Robert de La Marck, 1539-1574)와의 만남이 그것이다. 디에프에 방문했던 스당의 군주는 이때 마침, 그의 공국 스당의 공식 종교를 개혁 신앙으로 공포할 준비를 하고 있었는데, 하나님은 그에게 피난처를 찾고 있던 개혁 교회 목사 드 브레를 만나게 하셨다. 그는 개혁 신앙의 거점이 될 그의 공국에서 드 브레가 그의 궁정 목사로 머물며 그 뜻에 동참해 주기를 제안했다. 드 브레에게는 그 제안을 마다할 이유가 없었다. 드 브레의 사명은 고국의 성도들을 위해 일하는 것이었지만, 일단 지금은 안전한 곳으로 피해 향후 일정을 도모해야 했다. 그렇게 그는 안전한 요새인 스당성으로 향하게 된다.

---

2 Braekman, *Guy de Brès: un réformateur*, 90–97.

드 브레가 머물던 프랑스 스당(Sedan)의 견고한 성

공식적으로 개혁 신앙이 공국의 종교로 선포된 안전한 스당에서, 그것도 군주의 궁정 목사로 견고한 성 안에서 지내면서 드 브레에게는 처음으로 안락하고도 평안한 삶이 주어졌다. 이번에는 그의 가족과 자녀들도 함께였다. 이제는 안전한 곳에서 가장의 역할을 하며 새로운 미래를 그려 볼 수도 있었다. 하나님께서 고생한 드 브레에게 새로운 삶을 주셨다고 믿고 얼마든지 새 삶을 시작할 수도 있었다. 그러나 드 브레의 사역이 단순히 궁정 목사에 국한되지는 않았다는 것을 이 시기에 이루어진 그의 저술 활동을 통해 알 수 있다. 드 브레는 처음으로 가족과 함께하는 안락한 삶 속에서도 감시와 핍박으로 고통당

하고 있을 고국의 성도들을 생각하며 하나님께서 자신에게 맡기신 사명을 잊지 않았다. 그들을 위해 무엇을 할 수 있을지 끊임없이 아파하며 고민했다.

1564년, 드 브레는 『가엾은 저지대 신자들을 위한 기도』(*Oraison au Seigneur*)라는 소책자를 저술하여 배포하였다.[3] 이 소책자는 기도문의 형식으로 작성되었지만, 내용은 개혁 교회를 변호하고 그들을 박해하는 위정자들을 비판하는 정치적인 탄원으로 이루어져 있다. 드 브레는 다음과 같이 이야기한다.

> 우리는 우리 왕의 권세가 조금도 쇠락하지 않고 오히려 더욱더 존경과 순종과 두려움을 받으시기를 원합니다. 주님께서 왕에게 맡기신 나라와 땅을 잘 다스릴 수 있도록 그에게 은혜를 베푸시며, 그의 모든 관리들과 위임받은 위정자들이 하늘과 땅의 모든 권세를 가지신 주님 아래에서 우리를 거룩하게 다스리게 해 주시기를 간구합니다.[4]

이러한 기도문을 통해 드 브레는 저지대의 개혁 교회는 왕에게 반역하는 것이 아니라 오히려 위정자들이 하나님께 받은 권세를 하나님의

---

3 이 소책자는 익명으로 출판되었지만, 린더봄(Johannes Lindeboom)은 그 저자가 귀도 드 브레임을 밝혀냈다. J. Lindeboom, "Een Gebed van Guy de Brès," Nederlands archief voor kerkgeschiedenis 20 (1927): 161–178. 현대 프랑스어판의 원문은 É. M. Braekman, *Guy de Bres: pages choisies* (Bruxelle: Société Calviniste de Belgique, 1967), 20–29에서 확인할 수 있다.

4 Braekman, *Guy de Bres: pages choisies,* 21.

뜻에 따라 다스리기를 원하고 있음을 보이고자 했다. 돌려 말하면, 개혁 교회를 박해하는 위정자들이 하나님의 뜻에 반하고 있다는 것이다. 기도문의 형태로 저술하였지만 사실 위정자들의 박해를 비난하는 글이었다. 심지어 개혁 교회 신자들을 박해하는 자들을 적그리스도로 묘사하며, 오히려 개혁 교회 성도들이 그리스도의 참된 가르침을 피 흘려가며 따르고 있음을 변호했다. 이 소책자 배포를 통해 드 브레는 저지대에서 벌어지고 있는 개혁 교회 성도들을 향한 핍박이 하나님 앞에서 정당치 못함을 드러내고자 했다. 그들은 반란을 꾀하는 자들이 아니라 오히려 하나님의 말씀에 충실하기 원하는 참된 하나님의 백성이라는 것을 호소하고자 한 것이다.

ORAISON
AV SEIGNEVR,
CONTENANT LES GE-
*missemens & complaintes des
poures fideles espars par le pais
bas, en Brabant, Flandre, Ar-
tois, Hainaut, & autres con-
trées : affamez du desir de la
predication de l'Euangile, &
pure administration des Sa-
cremens du Seigneur.*

HABACVC I.
Iusques à quand, Seigneur?
M. D. LXIIII.

Oraison au Seigneur 표지

실제로 '이교도'에 대한 감시와 법령들이 날로 심해지고 있었다. 마가렛 섭정은 1563년 7월 10일 자로 투르네 거주민들에게 왕에 대한 충성을 맹세할 것과 로마 교회의 법령들을 따를 것을 요구하는 포고문을 내렸다.[5] 1564년 7월에는 안트베르펜에서 활동하던 개혁파 설교자 두 사람이 붙잡혔다. 한 사람은 하이델베르크 대학교 교수였던 올리비에 부크(Olivier Bouck)였고, 또 다른 사람은 크리스토프 파브리(Christoph Fabri)라는 이름의 개혁 교회 설교자였다. 팔츠의 선제후 프레데릭 3세의 도움으로 하이델베르크 대학 교수는 간신히 풀려날 수 있었지만, 파브리는 붙잡힌 지 석 달 만에 산 채로 화형을 당했다.[6] 올리비에 부크 역시 옥고를 치른 탓에 얼마 후 목숨을 잃었다.[7] 이 두 사람의 순교 이야기는 1565년 플라망어(Flemish)로 기록되어 익명으로 출판되었다. 스당에서 가슴 아픈 고국 성도들의 순교 소식을 들은 드 브레는 그들의 이야기를 프랑스어로 번역하여 출판하였다.[8] 종교개혁 시기에 개혁 교회 성도들의 순교 이야기를 '순교자 열전'의 이름으로 출판하는 것은 바로 그들이 참된 진리로 인해 박해받던 초대 교회의 계승자들임

5 Braekman, *Guy de Brès: un réformateur*, 226.

6 Braekman, "Histoire Notable," in Braekman and Erik de Boer (eds.), *Guido de Bres: zijn leven, zijn belijden* (Utrecht: Kok, 2011), 220.

7 Braekman, "Histoire Notable," 221–222.

8 드 브레의 번역서의 제목은 다음과 같다. 『안트베르펜의 두 명의 신실한 순교자에 관한 이야기』(Histoire notable de la trahison et emprisonnement de deux bons et fideles personnages en la ville d'Anvers: c'est assavoir, de Christophle Fabri Ministre de la parole de Dieu en ladite ville, et d'Olivier Bouck Professeur en la langue Latine en la tres–fameuse et tres–renommée université d'Heydelberch).

을 보여 주는 기능을 했다고 한다.[9] 그렇다면 드 브레의 번역 및 출판 의도는 그의 독자들로 하여금 비록 지금은 그들이 박해를 받고 있지만, 바로 그들이 하나님의 참된 성도들임을 깨닫고 그 사실에 안심하며 자긍심을 갖도록 하기 위함이었을 것이다. 이처럼 스당의 궁정 목사의 관심은 일관되게 저지대 개혁 교회 성도들을 향하고 있었다.

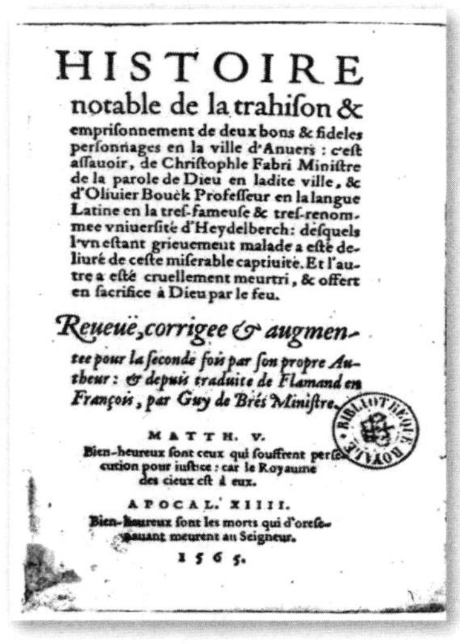

HISTOIRE
notable de la trahiſon & emprisonnement de deux bons & fideles perſonnages en la ville d'Anuers : c'eſt aſſauoir, de Chriſtophle Fabri Miniſtre de la parole de Dieu en ladite ville, & d'Oliuier Bouck Profeſſeur en la langue Latine en la treſ-fameuſe & treſ-renommee vniuerſité d'Heydelberch: deſquels l'vn eſtant grieuement malade a eſté deliuré de ceſte miſerable captiuité. Et l'autre a eſté cruellement meurtri, & offert en ſacrifice à Dieu par le feu.

Reueuë, corrigee & augmentee pour la ſeconde fois par ſon propre Autheur: & depuis traduite de Flamand en François, par Guy de Brés Miniſtre.

MATTH. V.
Bien-heureux ſont ceux qui ſouffrent perſecution pour iuſtice : car le Royaume des cieux eſt à eux.

APOCAL. XIIII.
Bien-heureux ſont les morts qui d'oreſenauant meurent au Seigneur.

1565.

Histoire Notable 표지

9 Kooi, *Reformation in the low countries*, 95.

| 재세례파 반박을 위해 큰 노력을 쏟은 드 브레 |

드 브레의 저술 중 가장 방대한 양인 『재세례파의 뿌리와 기원 및 기초』도 바로 이 시기에 출판되었다. 드 브레는 이 책의 서론에서 재세례파의 수가 급증하여 그들의 잘못된 교리로 저지대의 성도들을 미혹하고 있기에 재세례파의 오류를 반박할 '무기'를 제공하기 위해 이 책을 집필했다고 이야기한다.[10]

당시 재세례파는 위정자들에게 '폭도'의 이미지로 낙인이 찍혀 있었다. 1534년, 멜키오르 호프만(Melchior Hoffman, 1495-1543)의 묵시적 사상을 따라 새 예루살렘을 고대하던 재세례파의 무리가 독일의 뮌스터(Münster)를 점령하는 사건이 벌어졌다. 새 예루살렘 왕국으로 선포된 뮌스터에서 그들은 기존의 모든 사회 체계를 뒤엎어 버렸다.[11] 이 폭도들은 1년이 넘어서야 진압이 되었고, 이 사건은 위정자들에게 재세례파의 폭도 이미지를 똑똑히 심어 주었다.

드 브레가 우려하는 것처럼 당시 저지대에는 재세례파의 주장에 동조하는 자들이 급증하고 있었다. 메노 시몬스(Menno Simons, 1496-1561)는 과거 뮌스터에서 벌어진 재세례파의 폭력적인 사건과 분명한 선을 긋고, 자신은 그들과 달리 평화를 추구한다는 메시지를 성공적으로 설파하였다. 그의 평화적 가르침을 따르는 메노파(Mennonites)의 수는 꾸

---

10 De Brès, *La racine*, a.1r.
11 강병훈, "귀도 드 브레(Guido de Brès, 1522–1567)의 재세례파 반대의 이유," 79–80.

1535년 뮌스터의 재세례파 폭도가 진압당한 뒤 그들의 지도자 셋이 처형되었고 그들의 시체가 성 람베르투스 교회에 매달려 있었다. 그들의 시체가 전시되었던 우리(cage)를 지금도 확인할 수 있다.

준히 증가하여 1550년대에 이르러서는 플랑드르(Flanders) 지역 내에서 로마 교회를 제외하고 가장 신도 수가 많은 그룹이 될 정도였다.[12] 수백 명의 인파가 재세례파 지도자들에게 다시 세례를 받는 일이 빈번하게 일어났고 저지대의 개혁 교회 목회자들은 급증하는 재세례파 때문에 골머리를 앓았다.[13]

재세례파는 그 이름이 나타내듯 유아세례를 인정하지 않고, 믿음을

12 A. L. E. Verheyden, *Anabaptism in Flanders 1530-1650* (Scottdale, PA: Herald Press, 1961), 36.

13 Marnef, *Antwerp in the Age of Reformation*, 72–74.

확인한 후 '다시' 세례를 베풀어야 한다고 주장하는 자들이었다. 드 브레는 그들이 하나님의 언약을 오해하고 있으며, 이는 하나님의 말씀을 왜곡한 결과라는 것을 상세한 자료 조사를 통해 반박했다.[14] 그동안 그가 갈고닦은 실력을 통해, 즉 교부에 대한 지식을 사용하여 유아세례는 인간에 의해 만들어진 제도가 아니라는 것을 증명하고, 성경의 바른 해석을 제시하며 그들의 왜곡된 성경 해석을 비판했다.

그러나 재세례파의 오류가 단순히 유아세례를 거부하는 것뿐만이 아니었음을 기억해야 한다. 유아세례에 대한 논증은 『재세례파의 뿌리와 기원 및 기초』의 3부에 이르러서야 다루어진다. 재세례파의 리더들이 개혁 교회 목사들과 부딪힌 쟁점은 주로 그리스도의 인성 교리에 관한 것이었다. 그래서 드 브레도 그의 책 『재세례파의 뿌리와 기원 및 기초』의 상당 부분을 차지하는 2부를 그리스도의 인성 교리를 변호하는 데 할애한다. 또한, 재세례파의 기원을 다루는 1부에서 드 브레는 재세례파의 그릇된 성경관과 교회관을 강하게 비판한다. 재세례파는 성령 하나님께서 성경 외에도 다른 수단을 통해 계시를 주실 수 있다고 말하는 자들이었으며, 성직자들에 대한 반감으로 인해 목사를 통해 말씀을 주시는 교회의 전통 자체를 부정했던 자들이었다.[15] 이런 자들

14 유아세례에 관한 드 브레의 입장에 관하여는 강병훈, "귀도 드 브레(Guy de Brès, 1522–1567)의 유아세례론," 「한국개혁신학」 82 (2024): 128–161을 보라.

15 강병훈, "귀도 드 브레(Guido de Brès, 1522–1567)의 재세례파 반대의 이유," 64–99를 참고하라.

은 드 브레에게 있어 결코 함께 갈 수 없는 '이단'이었다. 드 브레는 왜곡된 관점으로 성도들을 미혹하는 재세례파를 전염병과도 같은 존재로 여겼다.[16] 성도들을 '바른 신앙'으로 가르치는 것을 자신의 평생의 사명으로 여겼던 드 브레에게 성도들을 미혹하여 바른 신앙에서 떠나가게 만드는 재세례파는 결코 용납할 수 없는 무리였다.

재세례파의 교리적 오류뿐 아니라 그들을 바라보는 위정자들의 시선 역시 드 브레로 하여금 이 방대한 책을 집필하게 만든 요인이었다. 메노파가 아무리 평화를 외쳐도 위정자들은 뮌스터 점령 사건을 잊지 않았다. 그들은 언제든 돌변하여 도시를 점령하고 체제를 전복시킬 위험이 있는 자들로 간주되었다. '저지대 개혁 교회 성도들은 반란군이 아니다'라고 변호하는 것을 자신의 사명으로 여겼던 드 브레 목사는 어떻게든 개혁 교회가 재세례파와 다르다는 것을 보여 주어야 했다.[17] 그의 성도들이 이 책을 읽고 재세례파의 오류를 숙지하여 그들의 얕은 기만에 넘어가지 않기를 바랐다. 또한, 개혁 교회 성도들이 우리가 재세례파와 무엇이 다른지 분명하게 알고 설명할 수 있게 되어 개혁 교회와 재세례파를 혼동하는 위정자들을 잘 대처할 수 있기를 소망했다.[18] 그래서 스당에 머물던 안전한 시기에 할 수 있는 대로 최대한 자

16 De Brès, *La racine*, a.1v: "[…] et aider a nos povres fieres journellemeut agitez par ces tempestes, et assister a ce povre pays bas infectéde ceste peste des Anabaptistes."

17 De Brès, *La racine*, a.1v.

18 De Brès, *La racine*, a.8r: "Pourtant ce doyveut garder les fideles de perdre courage de voir tant de confusion au monde, et ne se point estranger de la cognoissance des choses divines, mais nous

료를 모아 900쪽에 이르는 방대한 저술, 『재세례파의 뿌리와 기원 및 기초』를 집필했다.

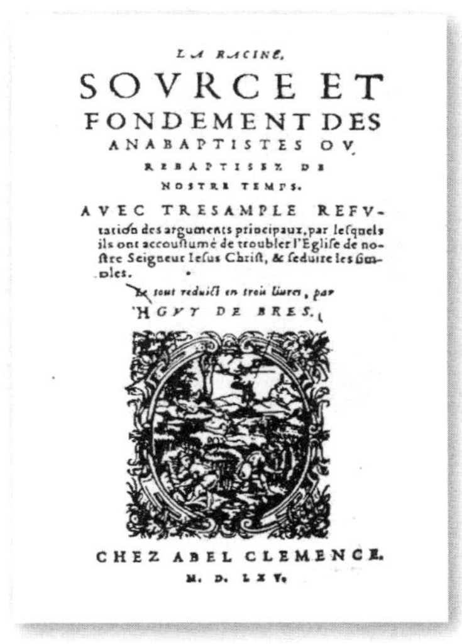
LA RACINE,
SOVRCE ET
FONDEMENT DES
ANABAPTISTES OV
REBAPTISEZ DE
NOSTRE TEMPS.
AVEC TRESAMPLE REFV-
tation des arguments principaux, par lesquels
ils ont accoustumé de troubler l'Eglise de no-
stre Seigneur Iesus Christ, & seduire les sim-
ples.
Le tout reduict en trois livres, par
GVY DE BRES.
CHEZ ABEL CLEMENCE.
M. D. LXV.

『재세례파의 뿌리와 기원 및 기초』 1565년 판본 표지

| 박해받는 성도들의 생존을 위해 루터파와의 정치적인 동맹을 시도함 |

또한, 이 시기에 드 브레가 저술 활동 외에 무슨 일을 했는지 알려주는 귀한 자료도 있다. 1565년 7월 10일 자로 드 브레가 직접 안트베르펜 개혁 교회 컨시스토리(Consistory)에게 자필로 쓴 편지는 당시 오라

---

les devons cercher d'autant plus affectueusement pour trouver la verité, et user de tous moyens qui nous peuvent amener plus proprement à la cognoissance de la verité: comme la lecture des bons livres et les sainctes predications de la parole de Dieu."

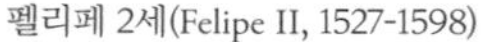

펠리페 2세(Felipe II, 1527-1598)

오라녜 공(Willem van Oranje, 1533-1584)

녜 공(Willem van Oranje, 1533-1584)이 스페인의 왕 펠리페 2세에 대항하여 어떤 일들을 준비하고 있었는지 보여 주는 드문 자료이기도 하다. 네덜란드 독립전쟁의 시작을 1568년부터 계산하는 것이 일반적이지만, 드 브레가 남긴 이 편지에 의하면 이미 1564년에도 오라녜 공은 스페인 왕의 세력으로부터 벗어날 준비를 하고 있었다. 이 편지에서 드 브레는 다음과 같이 이야기한다.

> 형제들이여, 1년 전에 찰스 목사와 함께 브뤼셀에서 오라녜 공을 만난 적이 있습니다. 그런데 최근에 그의 형제[Lodewijk van Nassau, 1538-1574]가 스당 군주를 통해 저에게 한 문서를 건네주었습니다. 이 문서는

비텐베르크 협약(Wittenberg Concord)으로, 비텐베르크와 독일 남부 지역의 학자들 간에 일치를 이룬 문서입니다. 우리가 이 협약에 동의할 수 있다면 교황의 세력을 무너뜨리는 데 도움이 될 수도 있습니다. 우리가 이 문서에 서명함으로 독일인들과 연합할 수 있다면 저들이 독일을 공격하지 않고는 우리를 건드릴 수 없게 될 것이기 때문입니다. 또한, 우리가 분열되어 있다고 떠들어 대는 그들의 입을 막을 수도 있을 것입니다. 어떤 방식으로든 지금 우리가 처한 절망적인 현실을 타개하는 데 도움이 될 것입니다.[19]

이 편지는 1년 전, 즉, 1564년에 오라녜 공이 스당에 머무는 드 브레와 안트베르펜 목사였던 찰스를 브뤼셀로 불러 저지대의 정치 종교적 위기 상황을 극복할 방안에 대해 토의했다는 정보를 알려준다. 물론 이것이 오라녜 공이 이때부터 칼뱅주의자가 되었음을 의미하는 것은 아니다. 저지대의 상급 귀족이자 위정자였던 오라녜 공은 날이 갈수록 심해지는 스페인 왕의 월권 행위에 일종의 반격을 꾀하고자, 박해받는 개혁 교회 지도자들과 함께 방도를 모색해 보기 위해 그들을 불러모은 것이다. 그들 사이에 어떤 대화가 오갔는지 알 수 없지만, 독일의 개신교 세력과 동맹을 이루어 교황의 세력, 곧 스페인의 압력으

19 Byunghoon Kang, "A Letter of Guy de Brès to the Consistory of Capernaum (Antwerp)," *Reformation and Renaissance Review* 23/2 (2021): 131.

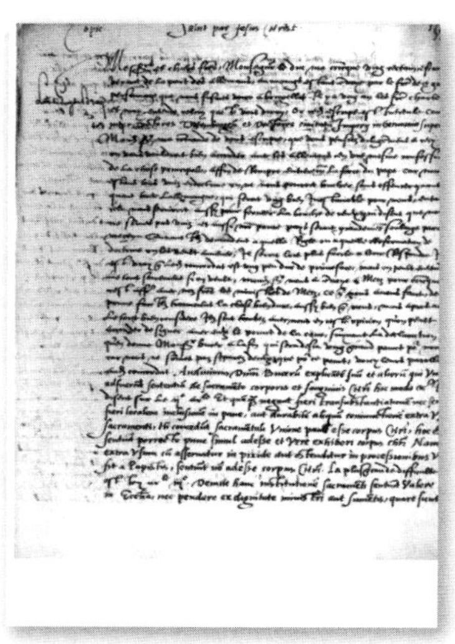

귀도 드 브레가 1565년 7월 10일 안트베르펜 개혁 교회에 보낸 자필 편지

로부터 벗어나 보자는 전략 회의가 이루어졌을 것이다.

독일의 개신교 세력과 동맹을 이룬다는 것은 루터파와의 연합을 의미했다. 이 전략을 이해하기 위해서는 1555년 아우크스부르크 화의로 독일의 루터파에게 자유가 주어졌다는 사실을 이해하는 것이 필요하다. 이로 인해 로마 가톨릭 세력은 독일의 루터파에게 더 이상 그들의 종교를 강요할 수 없었다. 그래서 오라녜 공은 저지대의 개혁 교회의 목사를 불러 당신들이 루터파와 연합을 이루어 독일인과 동맹을 맺는다면 이제 박해를 피할 수 있다고 설득했을 것이다.

루터파와 개혁 교회가 연합하지 못했던 것은 성찬론의 차이 때문이었다. 1529년 마르부르크(Marburg)에서 합의에 도달하지 못한 이래로

몇 차례의 성찬 논쟁이 있었고 1565년에는 개혁 교회와 루터파 사이에 더 이상의 어떤 연합 시도도 이루어지지 않고 있었다. 즉, 루터파와 연합을 이루기 위해서는 다시 한번 성찬에 대해 논쟁하는 것이 불가피했다.

오라녜 공과의 전략회의가 이뤄지고 얼마 후, 스당으로 돌아온 드 브레에게 서류 한 뭉치가 전달되었다. 발신인은 오라녜 공의 동생인 로데뷔크 판 나사우(Lodewijk van Nassau)로, 그 서류 안에는 비텐베르크 협약(Wittenberg Concord)이 동봉되어 있었다. 이 문서는 1536년 비텐베르크의 멜란히톤(Philip Melanchthon)과 독일 남부의 개혁자 부써(Martin Bucer) 간에 성찬에 관하여 합의를 이룬 것이었다. 드 브레는 30여 년 전에 작성된 이 문서를 자세히 살펴보았고 우리가 이 문서에 대한 부써의 해석을 덧붙인다면 기꺼이 이 협약에 서명할 수 있을 것으로 판단하였다. '루터파와 동맹을 맺는다면 우리를 박해하는 자들이 독일과 전면전을 치를 각오를 하지 않고는 우리를 건드릴 수 없을 것'이라는 오라녜 공의 설명은 합리적이었다. 철저히 개혁신학의 교리로 무장되어 있던 드 브레에게 하나 걸리는 것은 루터파와의 성찬론 논쟁을 어떻게 피할 수 있을까 하는 것이었는데, 논쟁적인 요소를 제거하고 합의에 이른 비텐베르크 협약과 그에 대한 개혁파 목사 부써의 해설이라면 기꺼이 그 협약에 서명하고 루터파와의 동맹을 꾀할 가치가 있다고 판단했다. 그래서 드 브레는 안트베르펜 개혁 교회에 비텐베르크 협약

에 근거하여 루터파와 동맹을 시도해 보자고 설득하기 위해 편지를 보냈다.[20]

물론, 이것이 드 브레가 루터파의 성찬론에 어느 정도 양보할 수 있다고 판단했다는 것을 의미하지는 않는다. 부써의 해설이 반영되지 않는다면 결코 루터파와 동맹을 맺을 수 없었다. 그 동맹이 '생존'을 위해 반드시 필요한 것이라 할지라도 개혁 교회의 성찬론에서 한발 물러서야 한다면 그 동맹은 결코 실현될 수 없는 것이었다. 그래서 베자가 그 동맹에 반대했을 때 드 브레는 더 이상 그 동맹을 시도하지 않았다.[21]

이처럼 스당 군주의 궁정 목사로 머물던 시기에도 드 브레는 지속적으로 저지대 개혁 교회 성도들을 위한 활동을 쉬지 않았다. 비교적 안전한 환경 덕분에 활발한 저술 활동을 할 수 있었고, 스당 군주의 보호 아래 저지대 곳곳을 수시로 드나들며 개혁 교회의 생존과 안전을 위한 일을 도모하고 그것을 실행에 옮기기도 하였다.

---

20 루터파와 개혁파의 성찬론 차이에 있어서 가장 논쟁적인 부분은 그리스도의 인성의 편재 가능성 여부였다. 비텐베르크 협약은 논쟁적인 요소를 일부러 다루지 않은 채 큰 틀에서만 합의를 보았던 문서였다. 혹여나 오해를 피하기 위해 부써는 비텐베르크 협약에 대한 자신의 추가 설명을 달아 해설서를 출판하기도 했다. 드 브레는 부써의 입장으로 비텐베르크 협약을 읽으면 개혁파도 얼마든지 서명할 수 있다고 판단했다. 자세한 것은 Kang, "A Letter of Guy de Brès to the Consistory of Capernaum (Antwerp)," 117–133을 참고하라.

21 드 브레는 루터파와의 동맹을 도모하기 위해, 당시 프랑스 메스(Metz)의 개혁 교회에서 사역하던 장 타팽(Jean Taffin, 1529–1602) 목사와 논의하였다. 드 브레는 안트베르펜 개혁 교회에 편지를 보내 설득하기로 하고, 타팽은 제네바에 편지를 보내 승인을 얻고자 하였다. 그러나 베자는 루터파의 교리는 조금도 합의점을 찾을 수 없는 것이라는 설명과 함께 그 동맹 시도를 반대하는 답장을 보냈다. 결국, 저지대에서 루터파와의 동맹 프로젝트는 시도되기도 전에 무산되었다.

안전하고도 견고한 스당성에서 드 브레는 평생 처음으로 가족과 함께하는 안락한 삶을 누렸다. 끌려가 붙잡혀 갈 걱정 없이, 목숨의 위협 없이 스당 군주의 보호 아래 맘껏 사역할 수 있었다. 그가 이곳에서 얼마나 큰 환대를 받으며 안락함을 느꼈는지는 1567년에 결국 저지대에서 붙잡히게 되었을 때 그의 처자식을 스당으로 피신시킨 것을 보면 알 수 있다.[22] 스당은 그에게 있어 안전이 보장된 곳이었다.

그런데 저지대 개혁 교회의 목사 드 브레는 그저 자기 가족만의 보호를 즐기며 스당 공국에 머물 수 없었다. 런던에서 처음으로 개혁신학을 접하고 행복해하던 1552년, 드 브레는 그 행복을 그저 자기만 누리는 데 만족하지 않고 고국으로 돌아왔었다. 1559년 제네바에서도 개혁신학의 정수를 배우며 행복을 누렸지만, 고국의 성도를 섬기기 위해 돌아왔다. 삶의 방향을 결정할 때마다 드 브레에게는 박해받는 성도들이 가장 우선순위에 있었다. 안전한 삶을 뒤로 하고 박해의 현장으로 뛰어드는 드 브레 목사의 결정은 이번에도 반복되었다. 스당에서 사랑하는 가족과 함께 평생 처음으로 안락한 삶을 누렸던 드 브레는 이번에도 고국으로 돌아오는 결정을 한다. 1566년 여름이었다.

---

22 Braekman, "La descendance de Guy de Brès à Sedan," *Société d'histoire et d'archéologie du sedanais*, Tom. XXX (2012), 5–11을 보라.

09

/

가르치고 변호하다가, 순교하다

(1566-1567년, Valenciennes)

| 기적의 해, 저지대 내 칼뱅주의가 허용되다 |

1566년 여름, 저지대의 칼뱅주의는 극변의 시기를 맞이했다. 독일 지역을 '이교도'로부터 지켜내지 못한 합스부르크 왕가에게 저지대는 자존심을 지켜야 하는 보루와 같았다. 카를 5세에 이어 저지대의 통치권을 물려받은 스페인의 왕 펠리페 2세는 저지대 내의 이교도 박멸을 그의 통치 목표로 삼았다. 따라서 저지대의 칼뱅주의는 그 태동 시기인 1540년대부터 1566년에 이르기까지 줄곧 박해의 대상이었다. 그렇게 박해가 한창이던 1566년 8월, 갑작스레 저지대의 칼뱅주의가 처음으로 공식적으로 허용되었다. '종교 박해 정책 완화'를 요구하며 압박해오는 귀족들의 움직임에 저지대를 섭정으로 다스리던 마가렛이 한발 물러선 것이다.

귀족들은 어떤 이유로 종교 박해 정책 완화를 요구한 것일까? 그들의 압박이 칼뱅주의 허용이라는 결과를 가져다주었고, 1568년에 본격적으로 시작된 네덜란드 독립전쟁에 귀족들과 칼뱅주의자들의 긴밀한 협력이 있었던 것은 사실이지만, 종교 박해 정책에 대한 귀족들의 불만을 종교적인 이유만으로 설명하기는 어렵다.

마가렛 섭정에 대한, 혹은 스페인 왕에 대한 귀족들의 불만을 이해하기 위해서는 저지대의 정치적 배경에 대한 설명이 필요하다. 저지대는 하나의 군주국가로 통일된 적이 없었다. 중세 시대 '낮은 땅'의 통치권은 부루고뉴 왕가에 있었고, 1515년 카를 5세가 광활한 지역의 통치권을 물려받게 되면서 저지대는 이제 합스부르크 왕가의 범위에 들어오게 되었다. 그러나 낮은 땅의 위정자들, 곧 귀족들은 그들의 영토를 하나의 군주 아래 묶인 '하나의 나라'로 인식하지 않았다. 각 주

마가렛 섭정(Margaretha van Parma, 1522-1586)

(province)마다 정부가 있고 각 주마다 법과 질서가 있었다. 이러한 자치의 원리 속에서 '연합 체제'로 연결되어 있을 뿐이었다. 물론 신성 로마 제국 황제의 통치 아래에서 제국의 일부로서의 특권을 누리는 것은 즐겼지만, 황제가 소환하는 전쟁을 지원하고 세금을 바쳐야 하는 일의 정도가 심해지면 불만이 생기게 마련이었다.

1566년 4월 5일, 스페인 왕의 종교 박해 정책에 반대하기 위해 조직을 결성한 하급 귀족 수백 명이 마가렛 섭정이 있는 브뤼셀 왕궁으로 향했다.[1] 하급 귀족이란 연방의회에 직접적으로 속해 있지는 않아서 나라의 의사 결정에 직접 관여할 수는 없는 자들이었지만, 각 지방에서 사법 및 행정적인 관리의 역할을 하는 귀족들이었다.[2] 마가렛은 종교 박해 정책을 완화하라며 압박해 오는 귀족 수백 명의 요구를 무시할 수 없었다. 왕이 직접 브뤼셀 왕궁에 거주하며 통치했다면 군사를 동원해서라도 하급 귀족들의 압박에 대응했겠지만, 자칫 내전으로 발전할 수도 있는 상황에서 섭정이 할 수 있는 일이라고는 귀족들에게 그들의 요구를 들어주겠노라고 약속하는 일밖에 없었다. 그렇게, 1566년 여름, 저지대 땅에서 처음으로 칼뱅주의 방식의 모임이 공식적으로 허가되었다.

스당성에 머물며 어떻게 하면 저지대 개혁 교회를 위한 일을 할

---

1 Anton van der Lem, *De opstand in de Nederlanden 1568-1648: de Tachtigjarige Oorlog in woord en beeld* (Nijmegen: Uitgeverij Vantilt, 2014), 49–51.

2 Kooi, *Reformation in the low countries*, 108.

수 있을까 고민하며 활동하던 드 브레도 이 소식을 듣게 되었다. 마침, 그의 고향 몽스로부터 서쪽으로 약 40km 거리에 있는 발랑시엔(Valenciennes, 현재 프랑스의 도시)의 개혁 교회(독수리 교회)로부터 청빙을 받아 드 브레는 다시 그의 조국으로 돌아오게 되었다. 1566년 8월이었다. 이제는 더 이상 박해의 위협 속에 숨어 있지 않아도 되는 상황이었다. 드 브레 목사는 그렇게 꿈에 그리던 상황을 맞이했다.

| 성상파괴운동이 또다시 박해의 명분을 제공하다 |

그러나 장밋빛 상황은 얼마 가지 않아 다시 피로 얼룩진 핍박의 현실로 바뀌었다. 그렇게 된 데에는 '성상파괴운동'이라는 뜻하지 않는 사건이 원인이 되었다. 성상파괴운동이란, 문자 그대로 생각하면 교회 내 성상을 제거하는 움직임이었다. 하지만 당시 저지대에서 일어났던 성상파괴운동은 그 성격이나 주동자를 정의하기가 참 애매하다. 누가 성상을 제거하는 일을 주도하였는지, 그 배후에는 어느 세력이 있었는지, 또 폭력이 동원되었는지 등에 관하여 학자들 사이에서도 합의된 결론을 도출해 내기가 쉽지 않다. 그러나 드러난 자료들을 토대로 추정할 수 있는 사실은 저지대에 칼뱅주의 모임이 허용된 직후 1566년 8월 저지대 전국 곳곳에서 동시다발적으로 교회 내 성상을 제거하는 움직임이 일어났다는 사실과, 제거 대상이 성상들과, 특히 성체성사를 위한 제단에 집중되어 있었다는 점, 다수의 칼뱅주의자가 연루되었다

는 점, 그리고 로마교회 사제들을 향한 살해 및 폭력은 극히 드문 일이었다는 사실 등이다.[3]

학자들 사이에서 발생하는 논쟁점은 성상파괴운동을 선동한 배후세력이 칼뱅주의 지도자들이었는가에 관한 것이다. 개혁 교회 목회자들이 그들의 성도들에게 도심 내 교회를 급습하여 성상을 제거하라고 선동하였을까? 귀족들의 압박으로 처음으로 공식적인 허가를 받아내었기에 이제는 박해받는 개혁 교회가 아니라 귀족들이 지지하는 세력이라고 스스로를 착각하였을까? 어떤 이유에서든 급격히 자신감을 얻은 개혁 교회 지도자들이 이제는 단순히 '허가'만을 넘어 저지대 내의 로마 교회 세력을 모두 몰아내는 것을 목표로 두게 된 것일까? 이 복잡한 문제들에 대하여 단순하게 답을 내리기는 쉬운 일이 아니다. 당시 개혁 교회 지도자들 사이에서는 성상을 제거하는 일에 대한 합의가 이루어지지 않았다. 이 모든 일은 모두 급격히 일어났다. 하급 귀족들의 압박으로 얻어 낸 허가도, 전국적이고 동시다발적으로 일어난 성상파괴운동도 모두 갑자기 일어났다.

성상파괴운동이 저지대 개혁 교회에 대한 박해 중지 지속을 위한 협상이나 개혁 교회의 위상을 위해 얼마나 유리하게 작용했는지는 몰라도, 분명한 사실은 마가렛 섭정에게 개혁 교회를 다시 박해할 명분을

---

3 저지대의 성상파괴운동에 관해서는 다음 책을 참고하면 좋다. Arnade, *Beggars, iconoclasts, and civic patriots*.

제공했다는 점이다. 수백 명의 귀족들이 종교 박해를 완화하라고 압박해 오고 펠리페 2세 왕은 스페인에 머물렀기에 상황 파악이 제대로 되지 않는 상황 속에서 섭정 마가렛은 개혁 교회를 계속 박해할 수도 없고, 무력을 사용해서 귀족들을 몰아낼 수도 없는 노릇이었다. 그러나 전국적으로 성상파괴운동이 일어나자, 개혁 교회에 대한 박해를 중지하는 요청에 대해 거절할 명분이 생겼다. '보아라, 저들은 폭력적인 무리다. 사회의 안정을 해치는 반란자들이다.'라고 말할 명분이 생겼다. 성상파괴자들이 실제로 '폭력'을 행사했는지와 상관없이, 도심 내 교회를 점령하고 성상을 제거하고 제단을 해체하는 행동은 나라의 기틀을 위협하는 행위와도 같았다. 귀족들이 종교 박해 정책을 반대할 때 내세웠던 명분이 사회의 안정이었는데, 오히려 그들로 인해 사회의 안정에 위협이 가해졌기에 귀족들도 더 이상 종교 정책에 대해 왈가왈부할 수 없게 되었다. 결국, 성상파괴운동은 저지대 개혁 교회의 존망에 대한 판도를 바꾸어 놓았다. 섭정은 갖은 수를 써서라도 개혁 교회에 허가했던 것들을 물리고자 하였고, 이러한 긴장과 갈등은 네덜란드 독립전쟁으로 이어지게 되었다.

| 발랑시엔 성도들을 변호하다 |

바로 이런 복잡한 정치 상황이 전개되고 있을 때 드 브레 목사가 저지대로 돌아와 발랑시엔의 개혁 교회 목사로 청빙된 것이다. 드 브레

발랑시엔의 생 제리(Saint-Géry) 교회. 성상파괴운동이 벌어졌을 때 이곳에서 개혁 교회 성도들이 예배를 드렸으며, 귀도 드 브레가 이곳에서 설교하고 성례를 집행했다.

가 사역하던 발랑시엔에서도 성상파괴운동이 벌어졌다. 성난 군중이 도심 내로 들어가 교회당을 빼앗고, 성상을 제거하고, 그곳에서 예배를 드리기 시작했다. 그들의 목회자 드 브레는 이러한 일이 벌어질 때 무엇을 하고 있었을까?

드 브레는 저지대의 개혁 교회가 폭도들이 아님을 증명하는 것을 그의 중요한 사명 중 하나로 여겼다. 벨직 신앙고백서도 그러한 배경 가운데 작성되었고, 스당에 머물 때도 저지대의 위정자들과 접촉하여 박해받는 성도들을 위해 정치적으로 어떤 일을 할 수 있을지 고민하던 목회자였다. 따라서 드 브레가 성도들을 선동하여 도심 내 교회로 쳐들어가서 성상을 제거하고 교회당을 빼앗자고 했을 가능성은 매우 적다.[4]

그러나 '드러난 사실'은 드 브레가 성상파괴운동을 일으킨 성도들의 목회자였고, 그들이 발랑시엔 도심 내 교회당을 빼앗고 거기서 예배를 드렸을 때 설교자였으며, 그곳에서 '금지된' 성례를 시행했을 때 집례자이기도 했다는 것이다.[5] 개혁 교회가 '반란자'로 오해받는 것을 그토록 경계했던 드 브레는 어떻게 빼앗은 교회당에서 설교도 하고 금지된 성찬식을 거행했던 것일까?

박해받던 개혁 교회가 처음으로 허가되었던 상황으로 다시 돌아가 보자. 수백 명의 하급 귀족들이 압박하고 다른 위정자들도 종교 정책에 오래도록 불만을 품고 있던 상황에서 마가렛이 할 수 있는 일이라고는 종교 박해 정책을 완화하겠다고 약속하는 것뿐이었다. 그러나 그녀의 약속은 사실 알맹이가 없는 모호한 것이었다. 그들의 모임을 어디까지 허용할 것인지, 가령 모여서 예배를 드리고 설교를 하는 것까지 허용할 것인지, 아니면 그들의 방식대로 성례를 시행하는 것까지도 허용할 것인지에 대해서 명확한 규정을 정하지 않았다. 게다가 그들의 모임을 허용했지만, '어디에서' 모여도 되는지에 대한 규정이 없었다.

---

4 성상파괴운동과 드 브레의 입장에 관해서는 강병훈, "네덜란드 성상파괴운동(1566)에 대한 귀도 드 브레의 입장,"「한국개혁신학」 80 (2023): 178–207을 보라.

5 Kang, *Guy de Brès on the Lord's Supper*, 164–165.

마가렛의 의도는 그저 바깥에서, 혹은 도심 밖에서 얼마든지 모여서 예배만 하라는 것이었지만, 개혁 교회 성도들의 입장은 공식적인 허가가 이루어졌다면 그들에게도 도심 내 장소를 줘야 하며, 설교뿐 아니라 성례 시행까지도 포함되어야 한다는 것이었다.

성상파괴운동은 이러한 긴장을 더욱 심화시켰고, 드 브레는 이제 도심 내로 들어와 더 많은 자유를 요구하는 성도들과 그들을 반란자로 몰아 어떻게든 다시 박해의 대상으로 끌어내리려는 위정자 사이에서 줄다리기를 하며 지혜를 구해야 했다. 드 브레가 어떠한 노력을 하고 있었는지는 1566년 12월과 이듬해 1월에 세 차례에 걸쳐 절박한 심정으로 작성한 정치적 탄원서를 보면 알 수 있다. 1566년 12월 작성된 탄원서(Declaration sommaire du faict de ceux de la ville de vallenciennes: 발랑시엔에서 일어난 일에 대한 선언서)의 내용에는 다음과 같은 설명이 담겨 있다.[6]

> 10월 1일, 우리 개혁 교회의 당회(컨시스토리) 멤버와 시의 대표로 꾸려진 대표단과 느와르까름[에노(Hainaut)주의 주지사] 사이에 협상이 있었습니다. … 그는 도시 근처 어딘가에 예배당을 지어 개혁 교회의 모임을 가질

6 원문은 L. A. Van Langeraad, *Guido de Bray, zijn leven en werken: bijdrage tot de geschiedenis van het ZuidNederlandsche protestantismeheology* (Zierikzee: S. Ochtman, 1884), CXI–CXIV에서 확인할 수 있다.

수 있도록 하는 방안을 제시하며 3개월의 유예 기간을 제시하였습니다.[7]

칼뱅주의 모임이 허용되었지만, 섭정 마가렛의 의도는 그들이 도심 밖에서 설교를 듣는 행위를 하는 것을 금하지 않겠다는 것이었다. 그러나 개혁 교회 성도들은 그 자유의 범위가 반드시 도심 내에서도 허용되어야 하며 설교뿐 아니라 성례 시행까지도 포함되어야 한다고 요구했다. 성상파괴운동으로 귀족들의 지지를 잃은 개혁 교회 성도들은 이제 도심 내 빼앗았던 교회 건물을 돌려놓아야 할지, 아니면 압력에도 끝까지 맞서 싸워야 할지 선택의 기로에 놓이게 되었다. 그런 중에 에노주의 주지사였던 느와르까름을 통하여 발랑시엔 시민들과의 협상이 진행되었다. 양측의 요구 사항은 접점을 발견하지 못했지만, 3개월 안에 개혁 교회를 위한 집회 공간을 마련해 주기로 하는 일종의 약속을 맺었다.

그러나 그 약속은 지켜질 수 없었다. 섭정 마가렛에게 충성을 다하고 있던 느와르까름은 어떻게 해서든 그녀의 의도대로 도심 내로 들어

---

7 "Dés le premier jour d'Octobre de de cest an M. D. LXVI. au mandement dudit Seigneur, furent enuoyez de la part de ladite ville, par l'advis du Conseil particulier d'icelle, sept personnes notables, assavoir quatre de la part du Magistrat, et trois de la part du Consistoire, pour contracter touchant les affaires de la Religion reformee, avec ledit Seigneur, estant les à Cambray: où il commanda ausdits envoyez, de mettre par escrit leur demande. Quoy estant fait par iceux, leur escrit fut totallement reietté: et en presenta ledit Seigneur un autre, par lequel il donnoit choix à ceux de l'Eglise, de prendre quelque lieu pres de la ville, pour bastir temples: avec trois mois de terme pendant qu'on les feroit."

온 개혁 교회를 끌어내고자 하였다. 약속과는 달리 도심을 떠나라는 통보를 해왔고, 11월에는 급기야 수비대를 이끌고 발랑시엔에 진입하려 하였다. 발랑시엔의 시민들은 약속과 달리 마치 발랑시엔 시민들을 폭도 취급하며 진압하려 하는 느와르까름의 수비대를 들여보내 줄 수 없었다. 아마도 느와르까름은 발랑시엔 시민들이 자신의 군대를 들여보내 주지 않을 것을 미리 알고서도 '정부의 군대를 막아섰다'라는 명분을 만들어 내기 위해 그와 같은 상황을 연출했을 것이다. 느와르까름이 발랑시엔 시민들에 의해 거부당하는 일이 벌어지자 상황은 더욱 긴박하게 돌아갔다. 이제 발랑시엔 시민들은 그 이유를 해명해야 했다. 이에 드 브레는 수비대를 이끌고 온 느와르까름의 행동은 개혁 교회의 모임을 허가한 정부의 태도에 반하는 것이며, 군대를 들여보내지 않은 것은 결코 반역의 의미가 아니라는 것을 설명하고 호소하기 위해 그와 같은 소책자를 작성하여 선포하고자 한 것이다.

그러나 결국, 이 사건은 섭정에게 발랑시엔이 정부(느와르까름)의 군대를 막아섰다는 또 하나의 명분을 주었다. 결국, 발랑시엔은 1566년 12월 14일, 반역의 도시로 선포되었다. 이런 심각한 위기 상황 속에 드 브레 목사는 가만히 있을 수 없었다. 서둘러 주 의회 위원들인 귀족들에게 발랑시엔의 개혁 교회 성도들은 결코 반란자들이 아님을 외치며 그들의 도움을 호소해야 했다. 이에 드 브레는 1567년 1월 10일, "12월 14일 공표된 건에 대하여 발랑시엔 개혁 교회의 탄원서(*Remonstrance et supplication de ceus de l'Eglise reformée de la ville de Valencenes, sur le mandement de son Altesse, fait contre eus le 14. jour de Decembre, 1566*)"라는 제목으로 열한 가지 항목을 거론하며 개혁 교회 성도들이 받고 있는 오해와 기소 사실에 대해 변명과 반박문을 내놓고자 하였다.[8] 이 탄원서를 통하여 발랑시엔 시민들이 왜 느와르까름의 군대를 들여보낼 수 없었는지, 개혁 교회 성도들이 왜 성례를 시행하였는지, 어째서 도심 내 교회당을 사용하고 있는지에 대해 상세하게 설명하고 있다. 귀족들에게 개혁 교회 성도들이 결코 반란을 꾀하고자 하는 이들이 아님을 보여 주고자 마지막까지 절실하게 노력했던 것이다.

주목할 만한 것은, 성례 시행이 금지되었음에도 드 브레가 발랑시엔 도심 내 생 제리(Saint-Géry) 교회당에서 성찬식을 거행했다는 점이다. 1566년 11월, 드 브레는 이제 돌아오는 주일에 성찬식을 시행할 것이라고 성도들에게 공지하였다. 그러나 칼뱅주의 모임 허용에 성례까지 포함시키고 싶지 않았던 섭정의 마음을 알고 있던 느와르까름은 성찬식은 반드시 연기되어야 한다고 강경하게 대응했다. 이러한 갈등 속에서 성찬식이 이루어지지 못하다가, 오히려 발랑시엔이 반역의 도시로 선언된 상황 속에서 1567년 1월 5일, 드 브레는 발랑시엔의 도심 내 교회당에서 성찬식을 거행하였다.[9] 성찬식이 섭정의 허용 범위를 넘어

8 원문을 위해서는 Van Langeraad, *Guido de Bray*, XCVII–CVIII을 참고하라.

9 Kang, *Guy de Brès on the Lord's Supper*, 164–165.

선다는 것을 알면서도 진행한 것이다. 개혁 교회 성도들은 예배가 허용되었다면 성례까지도 포함되어야 한다고 믿었다. 그들에게 성찬식이란 거짓 예배인 미사를 벗어나 바르게 예배하는 것을 의미했다. 그저 모여 설교만 듣고 그리스도의 몸과 피에 참되게 참여하는 방식인 그들의 성찬식을 거행할 수 없다면 여전히 로마 교회의 거짓 예배로부터 벗어나지 못했음을 의미하는 것이었다. 그들은 거짓 예배인 미사에 참여할 수 없어 목숨을 걸고 로마 교회를 떠나온 이들이었다. 즉, 그들에게 성찬식은 목숨을 걸고 지켜야 하는 바른 예배와도 같았다. 드 브레 스스로도 그러한 동기로 로마 교회를 떠났고, 평생을 로마 교회의

발랑시엔 진압을 표현한 그림

거짓 가르침에 어떻게 반박해야 하는지 가르쳤던 목회자로서, 폭력적인 압력 속에 성찬식을 금지해야 하는 상황 속에서 성도들과 함께 목숨을 걸고 성찬식을 거행하기로 결단을 내렸던 것이다. 정치에 밝아서 지금 어떠한 태도를 취하는 것이 개혁 교회의 생존에 유리한지 늘 합리적으로 판단하였던 드 브레였지만 이번만큼은 목숨을 걸고 바른 예배를 지키고 싶었다.

| 결국 붙잡힌 드 브레 |

'반역의 도시' 발랑시엔은 결국 느와르까름의 군대에 포위당했고, 얼마 버티지 못하고 1567년 3월 23일에 항복을 선언했다. 다시 한번 피난길에 올라야 했던 드 브레는 발랑시엔을 무사히 빠져나갔지만, 촘촘한 감시망을 뚫지 못하고 3월 31일, 결국 붙잡히고 말았다.

붙잡힌 드 브레가 처음으로 갇힌 곳은 투르네(Tournai)에 있는 감옥이었다. 투르네에 방문하면 성벽은 다 허물어져 볼 수 없지만, 감옥으로 사용되던 헨리 8세 타워는 볼 수 있다. 드 브레가 갇혔던 감옥의 음산하고 오싹한 분위기를 그대로 느낄 수 있다. 투르네 감옥에 갇혔을 때 드 브레의 심정이 어땠을지 그곳에서 그의 아내에게 쓴 편지를 통해 알 수 있다.

물론 사람의 생각은 하나님의 섭리에 대한 고백과 충돌하곤 하지요. 사람의 생각은 끊임없이 하나님의 인도하심에 대한 고백에 저항하곤 합니다. 우리의 경험이 이것을 잘 알려 주지요. 이번에 붙잡혔을 때, 어리석게 행동해서 잡혔다는 생각이 떠나질 않아 무척이나 괴로웠습니다. '무리를 지어 행동하지 말아야 했는데···, 멈추지 말고 계속 도망가야 했는데···.' 이런 생각들이 나를 계속해서 괴롭혔습니다. 그러나 하나님의 섭리를 생각하며 나의 시선을 하나님께 두기 시작하자 경이로운 평안함을 누릴 수 있었습니다.[10]

벨기에 투르네에 있는 헨리 8세 타워. 드 브레가 잡혔을 당시 감옥으로 사용되었다.

---

10 *BRN* 8, 625: "Il est bien vray que la raison humaine bataille contre ceste doctrine, et y resiste tant qu'elle peut, et je l'ay tresfort expérimenté. Lors que je fu apprehendé je disoye en moy-mesme, Nous avons mal fait de cheminer si grande troupe ensemble: nous avons esté descouvers par un tel et par un tel: nous ne demons arrester nulle part, et sous telles cogitations je demeuray là tout accablé en mes pensees, jusques à ce que j'eu eslevé mon esprit plus haut à la meditation de la providence de Dieu."

지금도 드 브레가 갇혔던 감옥의 흔적에 방문해 볼 수 있다.

붙잡히고 감옥에 갇혔을 때 처음에는 어리석게 행동하여 감시망을 뚫지 못했다는 사실에 좌절했다. 그러나 좌절 가운데 곰곰이 하나님의 섭리에 대해 묵상하기 시작할 때 하나님이 주시는 평안함을 누릴 수 있었다고 고백하고 있다. 드 브레가 갇힌 투르네의 감옥은 참혹하기로 악명 높은 곳이었다.

내가 지금 갇혀 있는 곳은 가장 비참하고 악취 나는 감옥입니다. 캄캄하기로 소문나 브루낭(Brunain)이라고도 불리는 매우 어둡고 캄캄한 곳이지요. 썩은 쓰레기를 던져 넣는 작고 악취 나는 구멍을 통해서만 공기를 마실 수 있지요. 손발에 아주 무거운 쇠사슬을 차고 있는데 그것들이 뼛속까지 파고들어 끊임없는 고통을 줍니다. 교도관(le Prevost des mareschaux)은

내가 도망칠까 봐 하루에 두세 번씩 쇠사슬을 확인하러 옵니다.[11]

악명 높았던 브루낭 감옥은 어둡고 악취 나는 답답한 곳이었다. 조그마한 구멍으로 빛이 겨우 새어 나오는 곳에서 손발은 쇠사슬로 묶인 채 고통받는 곳이었다. 그러나 드 브레는 좌절하지 않았다. 덤덤히 이 사실을 아내에게 말하며 다음과 같이 당부한다.

사랑스런 자매여, 나의 아내여, 상황이 이러하니 당신이 고통 중에도 주님 안에서 위로를 얻고 당신의 모든 일을 주의 손에 맡길 수 있기를 기도합니다. 그분은 과부의 남편이시며 고아의 아버지 되시니, 결코 당신을 떠나지 않으실 것을 확신합니다. 당신이 지금까지 항상 그래왔던 것처럼 하나님을 경외하는 그리스도인으로서, 그대의 남편이 전한 것에 따라 하나님의 아들의 가르침을 당신의 삶과 말로써 존중하십시오. 또한, 당신이 항상 나를 사랑해 주었듯 그대가 우리의 어린 자녀들에게도 그 사랑을 베풀어 주기를 바랍니다. 우리 자녀들에게 참하나님과 그의 아들 예수 그리스도에 대한 지식을 가르쳐 주세요. 당신이 어머니이자 아버지가

11 *BRN* 8, 627: "Je suis logé en la plus forte prison et la plus meschante qui soit, obscure et tenebreuse, laquelle pour son obscurité on nomme Brunain: et n'ay l'air que par un petit trou puant, là ou on jette les infections: j'ay des fers aux pieds et mains, gros et pesans, qui me seruent, d'une gehenne continuelle, me cauans jusques dedans mes poures os, apres le Preuost des mareschaux vient visiter mes fers deux ou trois fois le jour, craignant que je n'eschappe"

되어 하나님이 그대에게 주신 아이들을 잘 돌보아 주길 바랍니다.[12]

투르네 부르낭 감옥에 갇혀 있을 때 하루는 드 르의 백작 부인(la contesse du Reu)이 찾아와 쇠사슬에 묶여 있는 드 브레를 보고 조롱하며 이야기했다. "이런, 귀도 씨, 당신이 어떻게 먹고 마실 수 있는지 이해가 안 됩니다. 내가 당신이라면 두려워 죽을 것 같아요."[13] 조롱 섞인 그녀의 걱정에 드 브레는 다음과 같이 대답했다.

백작 부인, 내가 지키고 있는 옳은 사명과 주께서 나에게 주신 선한 양심 덕분에 나를 해치려는 모든 이들보다 더 쉽게 자고, 먹고, 마실 수 있답니다. 나를 묶고 있는 쇠사슬은 나를 두렵게 하거나 안식을 방해하지 않고 오히려 반대로 나의 기쁨이요 영광입니다. 그 쇠사슬은 금과 같은 어떤 귀중한 보석보다도 내게 더 귀하고 유익한 것입니다. 쇠사슬의 소리를 들을 때면 마치 아름다운 악기 소리가 들리는 것 같습니다. 내가 이렇

12 *BRN* 8, 627: "Veu donc que les choses sont telles, ma bonne sœur et fidele espouse, je vous prie de vous consoler au Seigneur en vos afflictions, et remettre en luy et vous et vos affaires: il est le mary des vefues fideles, et le pere des povres orphelins: il ne vous delaissera jamais, et de cela je vous asseure. Portez-vous tousjours comme une femme Chrestienne et fidele en la crainte de Dieu, comme tousjours vous avez fait, et honnorez, entant qu'en vous sera, par vostre bonne vie et conversation la doctrine du Fils de Dieu, laquelle vostre mary a presché: et comme tousjours vous m'avez aimé tressaffectueusement, je vous prie de la continuer envers nos petits enfans: instruisezles en la cognoissance du vray Dieu et de son Fils Iesus Christ. Soyez leur pere et mere, et regardez qu'ils soyent traittez honnestement du peu que Dieu vous a donné."

13 *BRN* 8, 501: "[…] puis regardant la grosse chaine de fer à laquelle j'estoye attaché, elle dit, Mon Dieu, monsieur Guy, je ne sçay comment vous pouvez dormir, manger ne boire: il me semble que si k'estoye en vostre place que je mourroye de peur."

게 결박당한 이유가 하나님의 거룩한 말씀으로 인함이기 때문입니다.[14]

드 브레는 조롱 섞인 귀족의 물음에 오히려 하나님의 말씀으로 인해 결박당한 사실이 자신을 더 영광스럽게 만들어 준다고 당당하게 대답했다. 무거운 쇠사슬 소리는 마치 아름다운 악기 소리와도 같다고 대응했다. 그저 보여 주기식의 배짱을 뽐낸 것이 아니었다. 귀족 여인에게는 드 브레의 대답이 마치 정신 나간 소리처럼 들렸겠지만, 드 브레의 말은 진심이었다. 그는 하나님의 거룩한 말씀의 종으로서 받는 고난을 하나님께서 주신 큰 영광으로 받아들였다.

개혁 교회의 오랜 지명 수배자였던 드 브레가 잡히자, 이 거물을 서로의 관할권에 수감시켜 그 공로를 인정받고자 하는 다툼이 벌어졌다. 드 르 백작(Monsieur du Reu[Rœulx])은 드 브레를 계속해서 트루네 감옥에 가둬 두길 바랐지만 결국 마가렛의 명령으로 드 브레는 4월 16일, 발랑시엔의 감옥으로 이감되었다.[15]

---

14 *BRN* 8, 501: "Ma Dame, dy—je, la bonne cause laquelle je soustiens, et la bonne conscience laquelle mon Dieu me donne, me fait dormir, manger, et boire mieux à mon aise que tous ceux qui me veulent mal: et quant à ma chaine et à mes liens, tant s'en faut qu'ils m'espouvantent, ne qu'ils me soyent en horreur pour troubler mon repos: qu'au contraire je m'y delecte et glorifie, et les estime plus precieux que les chaines et les agneaux d'or et autres semblables joyaux precieux: car ils me sont plus profitables, et quand j'oy le son de mes chaines, il me semble que j'oy quelque doux instrument de musique sonner en mes oreilles: non pas que cela procede du naturel de tels liens: mais de la cause pour laquelle je me voy ainsi traité, qui est la saincte parole de Dieu."

15 Kang, *Guy de Brès on the Lord's Supper*, 173.

| 감옥에서 벌어진 신학 논쟁 |

발랑시엔 감옥에서도 드 브레를 구경하듯 찾아오는 귀족들이 많았다. 특히, 드 브레를 심문하기 위해 찾아온 아라(Arras)의 주교 리샤르도(François Richardot, 1507-1574)는 드 브레가 죽음을 앞두고 그의 신앙을 점검하고 확신 있게 고백할 수 있도록 해 준 좋은 상대였다. 무엇보다도 평생 그의 사역의 중점은 그의 성도들이 심문받을 상황을 대비케 하는 데 있었는데, 아라의 주교에게 심문받는 상황은 이제 드 브레 자신이 그동안 성도들에게 가르친 대로 잘 대답할 수 있을지 시험해 볼 수 있는 기회였다.

리샤르도(François Richardot, 1507-1574)

아라의 주교 리샤르도는 잡혀 오는 개혁파 성도에 대해 심문의 경험이 많은 사람이었다. 아라에서 동쪽으로 20km 정도 떨어진 두아(Douai, 현 프랑스 도시)에서 감옥에 갇힌 개혁 교회 성도와 논쟁하여 그의 말문을 막히게 했던 기분 좋은 경험도 갖고 있었다. 그래서 승리의 이야기를 기념하고 널리 알리고자 『두아 수감자와의 담화』(Discours tenu entre messire Francoys Richardot, evesque d'Arras et ung prisonnier, au lieu de Douay)라는 제목으로 '어떻게 개혁 교회 성도의 말문을 막히게 했는지' 대화 형식으로 서적을 출판하기도 하였다. 리샤르도는 이번에도 자신감이 가득하여 드 브레 목사를 상대하고자 찾아왔다. 의기양양하게 『두아 수감자와의 담화』를 드 브레에게 건네며 얼마든지 논쟁해 보자고 제안했다.

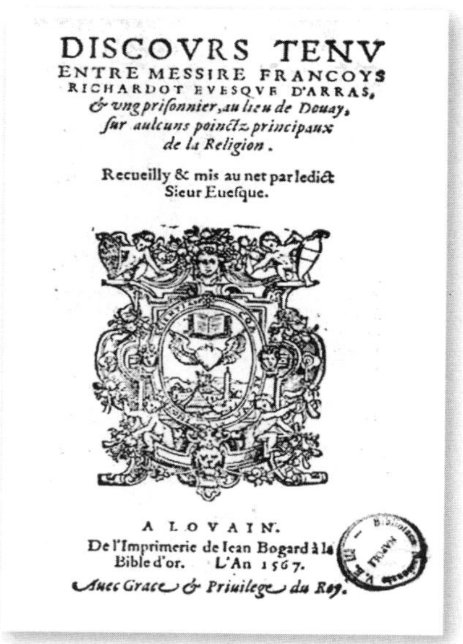
DISCOVRS TENV
ENTRE MESSIRE FRANCOYS
RICHARDOT EVESQVE D'ARRAS,
& vng prisonnier, au lieu de Douay,
sur aulcuns poinctz principaux
de la Religion.

Recueilly & mis au net par ledict
Sieur Euesque.

A LOVAIN.
De l'Imprimerie de Iean Bogard à la
Bible d'or. L'An 1567.
Auec Grace & Priuilege du Roy.

리샤르도의 『두아 수감자와의 담화』 1567년 판 표지 그러나 드 브레는 만만한 상대가 아니었다. 우리는 드 브레와 리샤르도가 어떤 논쟁을 했는지 드 브레의 마지막 저술이 담긴 출판물 『저지대 종교에 관해 벌어진 일들에 대한 조처』(*Procedures Tenues*)를 통해 알 수 있다. 이 저서는 드 브레의 동료였던 장 크레스팽(Jean Crespin, 1520-1572)이 1568년, 드 브레 사후에 드 브레가 감옥에서 썼던 저술과 편지들을 모아 편찬한 책이다. 이 저술 덕분에 드 브레가 감옥에서 어떤 논쟁을 벌였으며 어떤 생각을 했는지, 마지막 순간까지 성도들을 위하여 어떤 고민을 했는지 알 수 있다.[16] 『저지대 종교에 관해 벌어진 일들에 대한 조처』에 담긴 드 브레의 저술 목록은 다음과 같다.

- 발랑시엔 교회에 보내는 첫 번째 편지
- 발랑시엔 교회에 보내는 두 번째 편지
- 아라의 주교(리샤르도)와의 논쟁 기록
- 프란치스코회 수도사와의 논쟁 기록
- 아내(Catherine Ramon)에게 보내는 편지
- 어머니에게 보내는 편지

크레스팽은 드 브레가 위와 같이 감옥에서 저술한 글들을 받아 한

16 *Procedures Tenues a l'endroit de ceux de la Religion du Pais Bas*의 전문은 다음 책에서 확인할 수 있다. Samuel Cramer and Fredrik Pijper (eds.), *Bibliotheca Reformatoria Neerlandica* 8 ('s-Gravenhage: Nijhoff, 1911), 491-643.

책으로 엮으며, 드 브레에 대한 소개와 순교 상황에 대한 설명을 덧붙여 출판하였다.

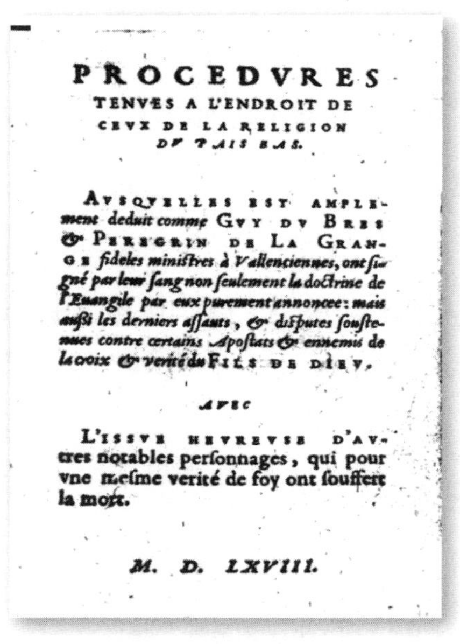

PROCEDVRES
TENVES A L'ENDROIT DE
CEVX DE LA RELIGION
DV PAIS BAS.

AVSQVELLES EST AMPLEMENT deduit comme GVY DV BRES & PEREGRIN DE LA GRANGE fideles ministres à Vallenciennes, ont signé par leur sang non seulement la doctrine de l'Euangile par eux purement annoncee: mais aussi les derniers assauts, & disputes soustenues contre certains Apostats & ennemis de la croix & verité du FILS DE DIEV.

AVEC

L'ISSVE HEVREVSE D'AVTRES notables personnages, qui pour vne mesme verité de foy ont souffert la mort.

M. D. LXVIII.

『저지대 종교에 관해 벌어진 일들에 대한 조처』 표지

발랑시엔 교회에 보내는 두 편지는 편지 형태로 되어 있지만 사실 신학적인 소논문에 가깝다. 드 브레는 감옥에서 여러 차례 심문을 당하고 로마 교회 인사들과 논쟁을 한 경험을 그의 성도들에게 기록으로 남기고 싶었다. 그래서 '앞으로 붙잡혀 심문당할지도 모르는' 그의 성도들에게 어떠한 신학적 준비를 해야 하는지 가르쳐 주기 위해 감옥에서도 펜을 든 것이다. 드 브레의 첫 저술 『기독교 신앙의 무기』가 릴의 성도들을 위하여 교부와 성경 교과서를 집필한 것이라면 발랑시엔 교회에 보내는 편지들 역시 그의 성도들에게 '더 좋은 무기'를 제공해 주기 위한 저술이었다. 첫 번째 편지는 4월 18일에 기록되었는데, 감옥에 찾아온 이들이 드 브레에게 어떤 질문을 했고 그들과 어떤 논쟁을 했는지 기록한 것으로 성인들의 중보, 마리아의 처녀성, 연옥의 존재 등에 관한 반박을 다루고 있다. 드 브레가 투르네 감옥에서 발랑시엔 감옥으로 이감된 것이 4월 16일이니 아마 투르네 감옥에서의 논쟁 경험을 다룬 것으로 보인다.

발랑시엔 교회에 보내는 두 번째 편지는 5월 어느 날 기록된 것으로 드 브레가 감옥에서 저술한 것 중 가장 많은 분량인데, 성찬에 대한 소논문과 미사에 대한 반박, 두 부분으로 나뉘어 기록되었다. 특히, 이 저술에서 드 브레는 교부에 대한 방대하고도 깊은 지식을 보여 준다. 그의 첫 저작인 『기독교 신앙의 무기』를 집필할 때는 그저 프랑스어로 번역된 교부의 짤막한 글들만 다루었다면, 발랑시엔 교회에 보내는 두 번째 편지에서는 교부의 글들을 자유자재로 다루는 모습을 보여 준다. 성도들을 더 잘 가르치기 위하여 유학의 길을 택했던 드 브레의 그 결정과 노력이 어떤 열매를 맺고 있는지 잘 보여 준다.

무엇보다 드 브레가 감옥에서 성찬과 미사에 대한 소논문을 가장 깊이 있게 다루었다는 사실은 드 브레가 마지막 순간에 그의 성도들에게 가장 필요한 공부가 무엇인지 생각할 때 그것이 성찬에 대한 교리였음을 보여 준다. 미사가 거짓 예배라고 깨달은 뒤 더 이상 우상을 숭배할 수 없어 고향 땅을 떠났던 드 브레는 마지막 순간까지도 그의 목을 조여오는 로마 교회 주교에게 미사는 거짓된 것이라며 그가 믿는바 거룩한 성찬에 대한 교리를 설파했다.

드 브레를 심문하러 온 아라의 주교 리샤르도는 개혁 교회 성도들과 논쟁을 하여 승리한 경험이 많은 강자였다. 두아(Douai)에서 승리한 경험을 책으로 집필하여 출판할 만큼 그 승리를 자랑스럽게 여겼다. 그리고 이번에는 그 책을 자랑스럽게 드 브레에게 건네며 자신감을 뽐냈다.

리샤르도의 자만심과 그의 심문 방법을 경험한 드 브레는 힘든 수감 생활 중에도 성도들을 위한 집필 활동을 멈출 수 없었다. 그의 실질적인 경험을 반드시 앞으로 그와 같은 경험을 하게 될 성도들에게 나눠 주어야 했다. 리샤르도의 『두아 수감자와의 담화』가 1567년 루뱅(Louvain 혹은 Leuven)에서 출판되었기에 저 로마 교회의 승전가를 반박할 무언가를 제공해 주어야 했다. 그래서 드 브레는 리샤르도와 마찬가지로, 5월 22일에 이루어졌던 리샤르도와의 논쟁을 대화 형식으로 기록하였다. 드 브레의 순교가 5월 31일인 것을 생각하면, 드 브레는 죽음을 며칠 앞두고 그 논쟁을 필사적으로 기록한 것이다. 또한, 5월 초에 어떤 프란치스코회 수도사와 교황의 수위권, 성찬, 그리고 미사에 대해 논쟁한 것도 대화 형식으로 기록을 남겼다. 박해받는 성도들의 목사 드 브레는 이렇게 순교를 앞둔 순간까지도 그의 성도들에게 무엇을 남길지 고민했고, 그들을 바른 교리로 돕기 위해 최선을 다했다. 미사에 대한 글을 마무리하며 드 브레는 다음과 같이 당부했다.

> 그러므로 나의 형제들과 자매들, 발랑시엔의 시민 여러분, 내가 전하고 선포한 것은 하나님의 순수한 진리와 구원의 복음이었다는 것을 하나님과 그의 천사들, 그리고 온 세계 앞에서 증언합니다. 내가 핍박을 받고 쇠사슬에 매여 있는 이유가 바로 그 복음 때문입니다. … 그러므로 여러분, 내가 여러분에게 전심으로 전하고 가르친 거룩한 교리를 붙들고 살아가십시오.[17]

드 브레의 첫 작품 『기독교 신앙의 무기』는 앞으로 붙잡혀가 심문당할 그의 성도들을 하나님의 말씀과 교부의 글로 무장시키기 위한 것이었다. 이제 그 스스로가 감옥에 갇혀 심문당하는 상황에 놓였을 때 그가 성도들에게 가르쳤던 것들을 실전에서 사용해 볼 수 있는 기회를 얻었다. 드 브레 목사는 박해받는 그의 성도들에게 죽음을 앞둔 상황에서도 담대하게 그들이 믿는바 성경이 가르치는 교리를 고백하라고 가르쳤고, 평생을 가르친 대로 그 스스로 그러한 상황을 마주하였다. 그리고 마지막의 그 경험마저도 그의 성도들을 위한 양분이 될 수 있

---

17 *BRN* 8, 591.

도록 옥중에서도 귀한 자료들을 남긴 것이다.

5월의 마지막 날, 토요일 새벽 6시, 마침내 간수장은 드 브레를 처형 장소로 이끌고 가기 위해 호출했다. 드 브레는 함께 갇혔던 이들에게 요한계시록 14장 13절 말씀을 외치며 다음과 같이 이야기했다.

> '주 안에서 죽는 자들은 복이 있도다' 하셨습니다. 성령이 이르시되 '그러하다 그들이 수고를 그치고 쉬리니 이는 그들의 행한 일이 따름이라' 하셨습니다. 여러분, 그저 하나님의 아들의 가르침 안에서 믿음을 굳건하게 지키고 그 가르침에 서 있으십시오! 나는 하나님의 이 순수한 진리를 아라의 주교와 여러 다른 사람 앞에서 지켜 냈고, 이제 나의 하나님 앞에서 이에 대해 책임을 지려 합니다.[18]

처형 장소인 발랑시엔 시청 앞 광장에는 수많은 군중이 모여 있었다. 드 브레는 위정자들에 의해 죽임을 당하면서도 그의 성도들을 향해 그동안 많은 이들이 위정자들을 존중하지 않고 여러 일을 벌인 것을 지적하며 위정자들을 존중할 것을 권고했다. 그리고는 자신은 하나

---

18 *BRN* 8, 637: "Puis exhortant les prisonniers d'avoir bon courage il leur declara que ce n'estoit rien de la mort, et fit du passage de l'Apocalipse une exclamation: O que bien-heureux sont les morts qui meurent au Seigneur! Ouy, dit l'Esprit, car ils se reposent dés maintenant de leurs labeurs. Il pria lesdits prisonniers de demeurer fermes et constans en la doctrine du Fils de Dieu laquelle il leur avoit preschée, protestant que c'estoit la pure verité de Dieu, comme aussi, dit-il, je l'ay maintenue en la presence de l'evesque d'Arras et plusieurs autres, et j'en respondray devant la face de mon Dieu."

발랑시엔 시청 앞 광장: 귀도 드 브레가 처형당한 장소

님의 순수한 진리만을 선포했다고 말하며, 자신이 가르쳤던 교리를 담대하게 계속 지킬 것을 당부하였다.[19] 많은 성도가 그렇게 그의 죽음을 지켜보지만, 결코 그가 믿었던 교리와 신앙이 틀렸기 때문이 아님을 마지막 그 순간까지도 그의 성도들에게 확신시켜 주고 싶었던 것이다.

그렇게 1567년 5월 31일, 평생을 하나님 말씀의 사역자로 살며 박해받는 그의 성도들을 위해 그의 삶을 바쳤던 목회자는 '섭정의 금지 법령을 어기고 성찬을 거행한 죄목'으로 목숨을 잃었다.[20]

---

19 *BRN* 8, 639.
20 *BRN* 8, 638.

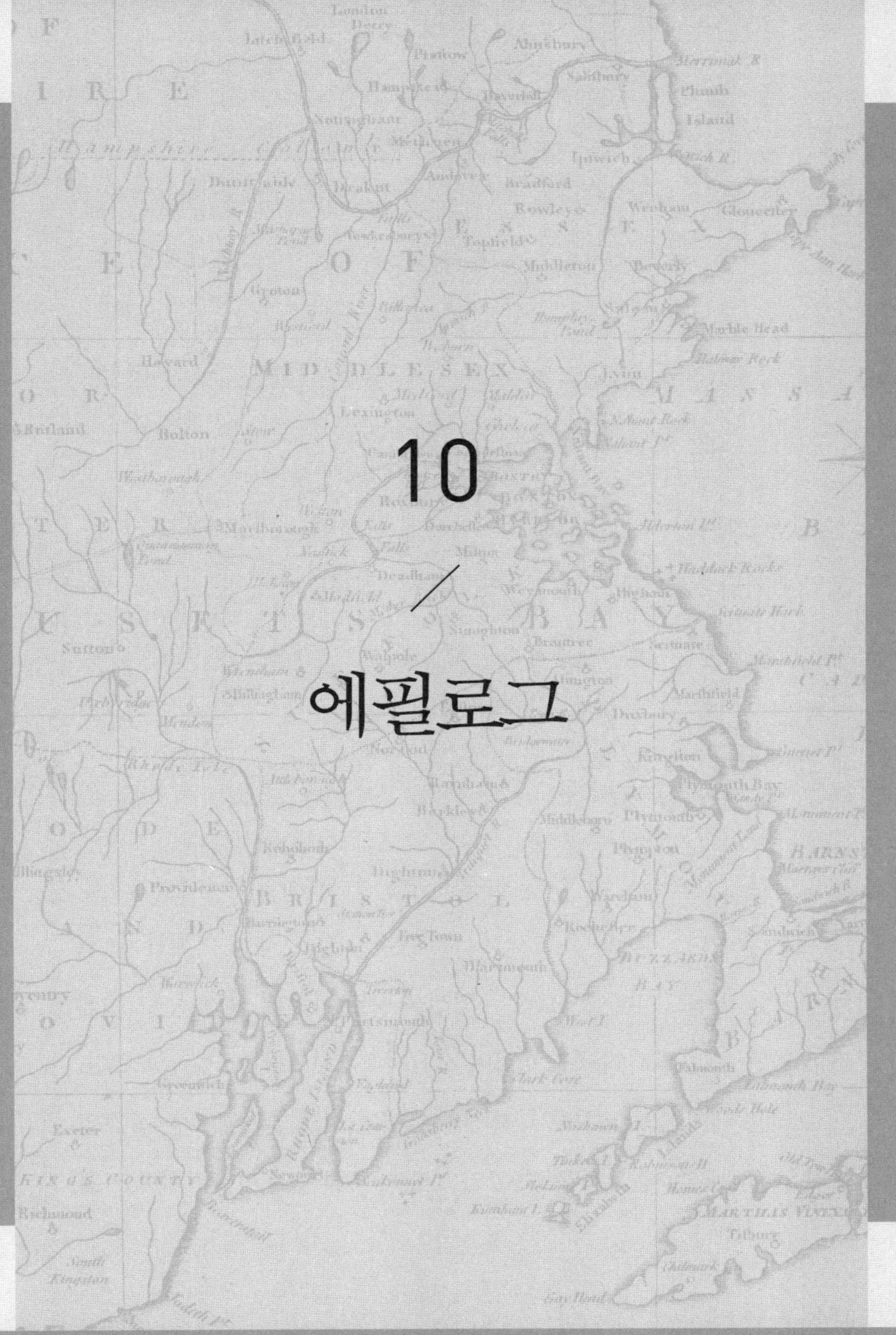
London Derry
Litchfield
Amesbury
Merrimak R.
Salisbury
Plumb Island
Ipswich
Andover
Bradford
Rowley
Wenham
Gloucester
Topsfield
Middleton
Beverly
Groton
Marble Head
MIDDLESEX
Lexington
Bolton
Marlborough
Dedham
Weymouth
Hingham
Sutton
Braintree
Scituate
Walpole
Marshfield
Duxbury
Norton
Kingston
Plymouth Bay
Plymouth
Plympton
Rehoboth
Providence
BRISTOL
Barrington
Rochester
BUZZARDS BAY
Portsmouth
Falmouth
Falmouth Bay
Woods Hole
Exeter
KINGS COUNTY
Richmond
South Kingston
MARTHAS VINEYARD
Tisbury
Chilmark
Gay Head

10 / 에필로그

벨직 신앙고백서는 유일하게 그 신앙의 고백자들이 그들의 피로 인친 신앙고백서이다. 로마 교회의 미사에 참석하지 않고 '불경스러운' 모임에 가담하고 있음이 발각되면 끌려가 처형당해야 하는 상황 속에서 '우리가 믿는 바는 이렇습니다'라고 당당히 외쳤던 신앙고백이다. 그리고 그것을 작성한 그들의 목회자 귀도 드 브레 역시 그의 성도들과 함께 담대하게 그것을 고백하다가 끝내 처형당한 순교자였다.

박해받는 성도들의 목회자, 이것이 귀도 드 브레를 가장 잘 표현할 수 있는 말이다. 박해와 목회자, 이 두 단어가 드 브레를 이해할 수 있는 중요한 키워드이다. 드 브레는 평생을 박해 가운데 살았다. 드 브레가 태어난 해는 루터의 종교개혁이 시작되고 5년 뒤인 1522년이었다. 드 브레는 저지대의 통치자 카를 5세 황제는 어떻게든 새로운 종교의 물결을 잠재우는 데 노력을 쏟고 있고 저지대 루뱅의 가톨릭대학교 교수들은 황제보다도 한발 앞서 루터를 정죄하며 대응하던 시기에, 저지대 남부의 도시 몽스에서 태어났다. 즉, 드 브레는 박해 현장의 한복판에서 생을 시작했다.

20대 시절 로마 교회의 오류를 깨달았을 때 그의 고향 땅에는 종교박해의 법령들이 강하게 시행되고 있었기에 참된 교리를 열망하던 청년 드 브레는 박해를 피해 고향을 떠날 수밖에 없었다. 첫 사역지 릴에도 박해로 인한 순교자들이 끊이지 않았다. 그의 성도들은 언제나 목숨을 걸고 신앙하는 자들이었다. 투르네에서 사역할 때도 끌려가 조사를 받는 성도들을 변호하기 위해 절실한 마음으로 신앙고백서를 작성해야 했다. 프랑스의 스당의 궁정 목사로 있을 때도 저지대 내의 위정자들과 긴밀히 협력하여 박해받는 개혁 교회가 생존할 수 있는 방법을 모색했다. 마지막 사역지 발랑시엔에서도 반역의 폭도로 선포되고 죽임을 당하는 성도들을 변호하고 보호하기 위해 위정자들에게 호소하며, 박해받는 목회자로서 할 수 있는 일을 찾아 헌신했다.

드 브레는 때마다, 상황마다, 무엇이 성도들의 생존을 위한 최선의 전략인지 고민하고 실행에 옮겼다. 무지하게 성도들을 사지로 내몰지 않았다. 폭력적인 방법을 동원해서라도 자유를 획득하자고 선동하지 않았다. 필요하다면 위정자들의 권력을 이용할 줄 알았으며, 필요하다면 독일 루터파와의 정치적 동맹을 고려하는 일도 서슴지 않았다. 그뿐 아니라 저지대 내 귀족들의 호의를 얻을 수 있다면 그들을 통해 개혁 교회의 자유를 얻어 내는 일이 가능하리라고 판단했다. 이는 드 브레 사후 벌어진 네덜란드 독립전쟁의 진행 과정을 보면 옳은 판단이었다. 그야말로 박해받는 성도들을 위해 필요한 일이 무엇인지 적실히 알고 행동할 줄 아는, 정치적으로 지혜로운 목회자였다.

그러나 동시에 드 브레는 교리에 있어서는 조금도 양보하지 않는 목회자였다. 박해받는 성도들에게, '살아 남기 위해서는 로마 교회의 가르침에 어느 정도 타협할 수도 있다'라고 가르치지 않았다. 오히려, 끌려가 심문을 당할 그의 성도들에게 로마 교회 사제에게 당당히 우리의 신앙을 고백할 수 있도록 준비시키는 것이 드 브레의 중요한 사명이었다. 바른 교리로, 바르게 삼위일체 하나님을 예배하는 것을 생명처럼 여겼다. 목숨을 잃을지언정 바른 교리에서 떠나 거짓된 예배를 드릴 수 없었다. 1565년, 오라녜 공의 권면으로 루터파와의 동맹을 꾀할 때도 교리적인 양보를 시도한 것이 아니었다. 성도들의 생존을 위해 정치적인 동맹은 얼마든지 시도해 볼 수 있지만, 교리적인 타협은 결코 용납할 수 없었다. 베자가 이 계획에 반대하자 드 브레는 귀족들의 권유에도 그 프로젝트를 다시 시도조차 하지 않았다.

드 브레의 삶과 그의 사명감은 목사가 해야 하는 일이 무엇인지에 대해 많은 생각할 거리를 던져 준다. 그의 첫째 사명은 성도들을 가르치는 일이었다. 그는 가장 성경적인 교리가 무엇인지 끊임없이 고민했다. 고민 끝에 개혁신학이 가장 성경적이라고 결론을 내린 뒤에는 그것을 가르치는 일에 평생을 바쳤다. 박해받는 성도들이 로마 교회의 공격에 맞설 수 있도록 바른 교리로 무장시켰다. 가장 효과적인 무기가 교리라는 것을 깨달은 뒤에는 교리 공부에 시간을 쏟았다. 그는 '잘 가르치기 위해' 공부했다. 성도들의 입술과 손에 더 좋은 무기를 쥐어 주기 위해 그의 삶을 바쳤다. 감옥에 갇혀 죽음을 앞둔 순간까지도 앞으로 자신과 같이 감옥에 갇히게 될 성도들을 가르치기 위해 마지막 순간까지 펜을 들었다.

목사란 성도를 가르치는 사람이다. 자기 생각과 자신의 가치관을 가르치는 사람이 아니다. 따라서, 강단에서 하나님의 말씀을 선포하지 않고 사담을 나누는 자가 있다면 그야말로 종교개혁의 대상이 될 것이다. 목사는 하나님의 말씀만을 선포하기 위하여 두려운 마음으로 강단에 올라야 하며, 그 준비를 위해 모든 시간을 쏟아야 한다. 말씀 선포 시간 외에도 목사란 성경과 성경에 입각한 교리를 가르치는 자임을 잊어서는 안 된다. 그러한 사명을 깨달았다면 성경과 바른 교리를 공부하는 일에 시간을 쏟아야 한다. 끝도 없이 공부해야 한다. 그리고 공부의 목적은 성도를 잘 가르치기 위함이어야 한다.

드 브레의 두 번째 사명은 박해받는 개혁 교회를 변호하는 일이었다. '폭도'로 오해받는 일이 없도록 그의 성도들에게 폭력적인 방법은 적절한 방법이 아님을 가르쳤다. 동시에 위정자들에게 호의를 얻을 수 있도록 그가 할 수 있는 한 최선을 다했다. 스페인 왕의 정책에 불만을 품은 귀족들의 기류를 눈치채고 그들의 불만을 이용하려고 노력했다. 우리 개혁 교회는 결코 반란자가 아님을 보이기 위해 행동으로, 글로, 신앙고백으로 표현했다.

그의 마지막 사역지 발랑시엔이 반란의 도시로 선포되었을 때도 귀족들의 호의를 얻어 그의 성도들을 보호할 수 있는 일을 찾으려고 노력했다. 목사란 성도의 필요를 알고 그들의 삶을 위해 행동하는 사람이다. 단순히 교리를 가르치는 일에 그치지 않는다. 성도들의 생존을 위해, 오늘날로 말하면 성도들의 생활을 위해 무엇이 필요한지 고민해야 한다. 성도들의 현실과 동떨어져 그저 지식을 전달하는 교사가 되어서는 안 된다. 성도들의 삶을 놓고 함께 고민하는 목자여야 한다. 500여 년 전 박해받는 개혁 교회의 목회자 드 브레의 삶은 늘 그러한 고민의 반영이었고 결과였다.

한 가지 더, 드 브레의 삶 속에서 여러 번 그의 사명을 외면할 수 있는 기회가 있었음에도 계속해서 박해의 현장으로 돌아왔다는 것은 꽤나 큰 울림을 준다. 20대에 런던에서 처음 개혁신학을 만났을 때 그는 고국의 성도들을 떠올리며 행복한 안식처를 포기하였다. 로잔과 제네바에서, 그토록 꿈에 그리던 칼뱅과 베자를 만나 배움의 복을 누리다가도, 교부들의 글을 원전으로 읽고자 하는 목표를 이루자 지체 없이 그의 고국으로 돌아왔다.

스당의 궁정 목사로 있으면서 사랑하는 아내와 자녀들이 감시와 위협 없는 환경에서 지내도록 도울 수 있었다. 이제는 책임감 있는 가장으로 살아도 아무도 비난하지 않을 상황에서도 그는 끝내 고국으로 돌아와 순교의 피를 흘렸다. 박해받는 성도들의 목회자라는 정체성을 잊지 않고 하나님께서 그에게 주신 사명이 무엇인지 끊임없이 기억한 결과였다. 그의 삶의 여정은 그의 성도들을 가르치고 그의 성도들을 변호하기 위한 목적으로 채워져 있었고, 결정의 순간마다 그의 사명은 굳건한 요인이 되어 그의 목적지를 결정하였다. 드 브레 목사의 삶은 하나님께서 주신 사명으로 가득 차 있었다.

드 브레의 삶은 목사이기 전에 한 명의 성도로서도 본보기가 된다. 그는 성경적으로 바른 교리가 무엇인지 끊임없이 탐구했다. 그가 놓인 처지에서 할 수 있는 대로 연구했다. 연구 끝에 개혁신학이 바른 교리라고 결론을 내린 뒤에는 바른 신앙에 목숨을 걸었다. 어떤 위험도, 어떤 위협도, 어떤 환난이나 핍박도 삼위일체 하나님에 대한 바른 신앙을 향한 그의 갈망을 막을 수 없었다. 형제와 친구들이 붙잡혀 가 불에 타 죽고 목이 잘려 죽는 상황 속에서도 거짓 예배에 타협하지 않았다. 그리고 그가 믿는 참된 신앙으로 인해 목숨을 잃게 되었을 때도 그는 선하신 하나님을 고백하며 실수치 않으시는 하나님의 섭리를 찬양했다.

성도로서 우리는 무엇에 목숨을 거는가? 삼위일체 하나님께 참된 예배를 드리기 위해 우리는 어떠한 노력을 하는가? 바른 교리가 무엇인지 알기 위한 갈망이 있는가? 선하신 하나님을 고백한다면 진정 믿는 바대로 사유하는가? 또한, 사유하는 대로 살아 내고 있는가? 하나님의 인도하심을 고백한다면, 진정 그의 실수치 않으시는 섭리 안에서 평안을 얻는가? 성도라면 하나님께 바른 예배를 드리는 일에 목숨을 걸어야 한다. 우리의 예배에 어떠한 우상 숭배적인 요소는 없는지 끊임없이 점검해야 한다.

하나님을 알기에 힘쓰고 온 힘 다해 하나님을 사랑하며, 하나님이 맡기신 사명을 위해 인생을 바치다가, 마침내 주님이 부르셨을 때 바른 신앙으로 인해 순교의 피를 흘린다는 사실에 기쁨으로 화답하며 처형장에 끌려갔던 드 브레의 '하나님의 섭리에 대한 고백(벨직 신앙고백서 13항)을 인용하며 이 글을 마친다.

> 이 교리는 우리에게 말할 수 없는 위로를 준다. 이 교리로부터 우리는 어떤 일도 우리에게 우연히 일어나지 않고, 오직 우리의 은혜로운 하늘 아버지의 계획하심 속에서 일어난다는 것을 알기 때문이다. 하나님은 아버지처럼 우리를 보살피시며 그의 능력 아래 만물을 복종시키시는 분이다. 우리의 머리털 하나도, 참새 한 마리도 우리 아버지의 뜻 없이는 떨어지지 않는다. 그는 사탄을 억제하시며 우리의 모든 적을 제어하시기에 그들은 그의 허락과 선한 뜻 없이는 우리에게 해를 끼칠 수 없다. 이 사실에 우리는 안심할 수 있다.[1]

---

1 Eberhard Busch, "Confessio Belgica von 1561," in *Reformierte Bekenntnisschriften*, Bd. 2/1 1559–1563 (Neukirchen-Vluyn: Neukirchener Verlag, 2009), 329: "Ceste doctrine nous apporte une consolation indicible quand nous sommes apprins par icelle que rien ne nous peut venir à l'adventure sinon par l'ordonnance de nostre bon Pere celeste, lequel veille pour nous par un soing paternel, tenant toutes creatures subjettes à soy, de sorte qu'un petit cheveu de nostre teste est nombré. Un petit oyseau ne tombera pas en terre sans la volonté de nostre Pere: sur cela nous nous reposons sachant qu'il tient le Diable en bride et tous nos ennemis, lesquels ne nous peuvent nuire sans son congé et bonne volonté."

Appendix
/
부록

부록 1. 귀도 드 브레의 '아내에게 쓰는 편지'

부록 2. 귀도 드 브레 저술 연구 안내

부록 1.
귀도 드 브레의 '아내에게 쓰는 편지'[1]

우리 좋으신 하늘의 하나님 아버지의 은혜와 자비와 그의 아들 우리 주 예수 그리스도의 은총이 사랑하는 당신의 영혼과 함께하시기를 바라며.

캐서린 라몬, 나의 소중하고 사랑하는 아내여, 우리 주 예수 그리스도 안에서 사랑스러운 자매여, 당신이 얼마나 고통스럽고 슬퍼할지 알기에 마음이 쓰입니다. 나와 당신에게 위로가 주어지길 바라며 이 편지를 씁니다. 특히 당신에게 위로가 주어지길 바라는 이유는 당신이 얼마나 나를 진실되게 사랑해 주었는지 알기에 그렇습니다. 이제 주님께서 우리 둘의 이별을 원하시는 것 같습니다. 우리의 이별로 당신이 얼마나 아파할지 알기에, 당신의 아픔을 헤아려 보는 것이 더욱 고통스럽습니다. 이 일을 허락하신 분은 하나님이시니 우리 너무 지나치

1 원문은 다음 자료에서 확인할 수 있다. *BRN* 8, 624–628.

슬퍼하지 맙시다. 당신이 그럴 수 있기를 간절히 기도합니다.

저와 혼인하였을 때, 당신은 언제든 목숨이 위태로울 수 있는 남자와 혼인하였다는 것을 이미 알고 있었지요. 그럼에도 우리의 좋으신 하나님께서 우리에게 7년을 함께 살 수 있게 해 주시고 다섯 명의 자녀를 주셨습니다. 만일 주님께서 우리에게 더 오랜 기간 함께할 수 있는 시간을 주기를 원하셨다면 주님은 당연히 그렇게 해 주셨을 것입니다. 그러나 그것이 주님의 뜻이 아니었던 것이지요. 그러므로 그분의 선한 기쁨이 당신에게 충분한 이유가 되기를 바랍니다.

내가 적들에게 잡힌 것은 우연이 아니라 하나님의 섭리에 의한 일이라는 것을 잊지 맙시다. 주님은 모든 것을 다스리시며 모든 것을 인도하시는 분이지 않습니까? 그리스도께서 말씀하셨지요. 주님께서 우리 머리털까지 다 세시니 두려워하지 말라고, 참새 두 마리가 한 앗사리온에 팔리는데 아버지께서 허락하지 않으시면 그 하나도 땅에 떨어지지 않는다고, 우리는 많은 참새보다 귀하다고 하셨지요(마 10:29-31). 머리카락 한 가닥보다도 더 하찮은 것이 어디에 있습니까? 그러나 하나님의 지혜의 말씀은 하나님께서 우리의 머리카락 개수까지 세신다 말씀하십니다. 그렇기에 우리에게 닥친 그 어떤 고난과 역경도 하나님의 섭리와 인도하심과 상관없다고 결코 말할 수 없습니다. 선지자가 "여

호와의 행하심이 없는데 재앙이 어찌 성읍에 임하겠느냐"라고 말한 것도 같은 이유입니다(암 3:6).

우리 앞서 살았던 모든 거룩한 성도들은 고난과 고통을 겪을 때 하나님의 섭리에 관한 믿음 안에서 위로를 얻었습니다. 요셉이 그의 형제들에게 팔려 이집트로 가게 되었을 때 이렇게 이야기했지요. "당신들은 나를 해하려 하였으나 하나님은 그것을 선으로 바꾸셨습니다. 하나님은 당신들을 위해 나를 이곳 이집트에 먼저 보내셨습니다."(창 45:5; 50:20). 또, 다윗도 그를 저주하는 시므이에게 하나님의 섭리를 이야기했습니다(삼하 16:10-12). 욥도 마찬가지로 그렇게 하였고(욥 1:21), 다른 모든 이들도 그렇게 하나님의 섭리를 고백했습니다. 또한, 이것이 복음서에서 그리스도의 고난과 죽으심에 대해 "그에 관한 말씀이 이루어짐이라"라고 말씀하고 있는 이유이기도 합니다. 그렇다면, 이와 같은 고백이 그의 사람들 모두에게 똑같이 적용되어야 하겠지요.

물론 사람의 생각은 하나님의 섭리에 대한 고백과 충돌하곤 하지요. 사람의 생각은 끊임없이 하나님의 인도하심에 대한 고백에 저항하곤 합니다. 우리의 경험으로 이것을 잘 알려 주지요. 이번에 붙잡혔을 때, 어리석게 행동해서 잡혔다는 생각이 떠나질 않아 무척이나 괴로웠습니다. '무리를 지어 행동하지 말아야 했는데…, 멈추지 말고 계속 도망가야 했는데….' 이런 생각들이 나를 계속해서 괴롭혔습니다. 그러나 하나님의 섭리를 생각하며 나의 시선을 하나님께 두기 시작하자 경이로운 평안함을 누릴 수 있었습니다. 그제야 '나의 하나님, 주님께서는 당신이 작정하신 시간에 나를 태어나게 하셨습니다. 주께서는 평생토록 나를 극심한 위험으로부터 보호하며 구원해 주셨고 당신께로 인도해 주셨습니다. 이제 내가 주께로 가야 할 때가 왔다고 하신다면, 나를 향한 당신의 거룩한 일 하심이 이제 다 이루어졌다는 사실을 믿습니다. 나는 주님의 손을 피할 수 없으며, 그럴 수 있다고 해도 원치 않습니다. 나의 모든 행복은 당신의 뜻에 함께하는 것에 있습니다'라고 기도할 수 있었습니다.

하나님의 섭리와 인도하심에 대해 묵상하고 고백하자 내 마음은 기쁨 가운데 있을 수 있었습니다. 나의 사랑스럽고 신실한 동반자여, 당신도 나와 같이 주님께서 하시는 일에 대해 기뻐하고 감사할 수 있게 되기를 기도합니다. 주께서 하시는 일은 언제든 옳으시기에 주께서 이제 나를 안식으로 인도하신다는 그 사실에 기뻐할 수 있기를 바랍니다. 당신은 내가 사역들을 어떻게 감당했으며 고난과 박해를 어떻게 견뎌 왔는지 잘 알지요. 내가 피난을 가야 할 때마다 함께했으니 당신도 그 고난과 박해에 동참한 것이지요. 그리고 이제 나의 하나님께서 나를 그의 복된 나라로 인도하고자 하십니다. 나는 당신보다 먼저 가지만, 주님께서 원하실 그 때 당신도 나처럼 그 나라에 오게 될 것입니다. 그러니 우리의 헤어짐은 영원한 것이 아닙니다. 주님께서 당신도 우리의 머리이신 예수 그리스도와 함께 연합하게 하시기 위해 부르실 것이니까요.

우리의 거처는 이곳이 아니라 하늘에 있잖아요. 이곳은 그저 나그네 길일 뿐이지요. 그러니 우리, 하늘에 있는 우리의 참된 집을 갈망합시다. 하늘에 계신 우리 아버지께서 받아 주실 그 집을 소망합시다. 우리의 형제 되어 주시며 머리이신 우리의 구원주 예수 그리스도께서 계시며, 우리의 선조들, 선지자들, 사도들, 그리고 수천 명의 순교자들이 함께 있는 그 집을요. 주님께서 맡기신 일들을 내가 끝마쳤을 때 주님께서는 나를 그 집에서 영접해 주실 거예요. 우리, 그 집을 소망합시다.

내 사랑 그대여, 그러므로 이런 사실들을 기억하며 우리 위안을 얻읍시다. 하나님께서 당신의 남편을 하나님의 아들의 종으로 사용해 주셨을 뿐 아니라 순교자의 왕관을 씌워 주실 정도로 높여 주신 그 영예를 생각해 보세요. 이 영예는 그의 천사들도 받을 수 없는 것입니다.

나는 기쁘고 즐거워, 환난 중에도 부족함이 없습니다. 오히려 하나님의 풍성하신 풍요로움으로 충만합니다. 저는 충분히 위로를 받았습니다. 하나님께서 그의 선하심과 인자하심을 그의 죄수인 나에게 계속 해서 베풀어 주시기를 간구합니다. 나는 하나님께서 그분을 소망하는 자들을 절대 떠나지 않으신다는 것을 경험으로 잘 알고 있습니다. 하나님께서 이처럼 가련한 피조물인 내게 그토록 자비하심을 베풀어 주셨으니 나의 주 예수 그리스도께서 얼마나 신실하신지요! 다른 이들에게 설교해 왔던 그것을 이제야 몸소 경험합니다. 내가 그들에게 하나님의 자비하심에 대해 설교하곤 했지만, 그것을 실제로 경험해 보니 나의 말은 그저 '맹인이 형형색색 빛깔을 이야기한 것과 같았구나' 하는 것을 느낍니다. 나는 내 평생의 삶에서 느낀 것보다 지금 이렇게 감옥에 갇히게 되면서 더 많은 것을 배우고 더 많은 것들을 누리고 있습니다. 정말 좋은 학교에 있는 셈이지요. 이 전투에서 '무기'들을 어떻게 사용해야 하는지 성령께서 계속 저를 가르치시며 이끌어 주고 계십니다. 그러나 우는 사자 같이 두루 다니며 삼킬 자를 찾는, 저 하나님의 자녀들의 원수인 사탄은 나를 계속 슬픔에 빠뜨리려 합니다. 그러나 '두려워하지 말라, 내가 세상을 이기었노라'라고 말씀하시는 그분께서 나를 승리케 하십니다. 주께서는 이미 사탄을 나의 발 아래 상하게 하셨습니다. 하나님의 권능은 나의 연약함 속에서 모든 것을 이루셨지요.

우리 주님께서는 한편으로는 나의 약함과 작음을 깨닫게 하시고, 한편으로는 깨지기 쉬운 작은 질그릇에 불과하다는 것을 알게 하셔서 저를 겸손하게 하시고 승리의 모든 영광을 그분께 드리게 하십니다. 그분은 믿을 수 없는 방법으로 내게 힘을 주시며 위로해 주십니다. 심지어 나는 저 복음의 원수들보다도 더 평안을 느낍니다. 그들보다도 더 잘 먹고 잘 마시며 잠을 더 잘 자기도 하니까요.

내가 지금 갇혀 있는 곳은 가장 비참하고 악취 나는 감옥입니다. 캄캄하기로 소문나 브루낭(Brunain)이라고도 불리는 매우 어둡고 캄캄한 곳이지요. 썩은 쓰레기를 던져 넣는 작고 악취 나는 구멍을 통해서만 공기를 마실 수 있지요. 손발에 아주 무거운 쇠사슬을 차고 있는데, 그것들이 뼛속까지 파고들어 끊임없는 고통을 줍니다. 교도관(le Prevost des mareschaux)은 내가 도망칠까 봐 하루에 두세 번씩 쇠사슬을 확인하러 옵니다. 또한, 문 앞에는 40명으로 구성된 세 명의 간수를 배치해 두었지요. 드 하마이드(de Hamaide)씨가 면회를 왔는데, 그는 나를 위로해 주는 것처럼 찾아오지만 항상 식사 후에 포도주로 배를 가득 채우고 나를 찾아옵니다. 무슨 '위로'인지 아시겠지요? 그는 내가 탈출을 시도하거나, 그런 기미가 보이기라도 하면 쇠사슬을 목에까지 채워 손가락 하나도 움직일 수 없게 하겠다고 위협하며 말하곤 했습니다. 그러나 이 모든 일에도 불구하고 나의 하나님은 그의 약속을 지키시며 내 마음을 위로해 주셔서 내게 큰 만족을 주셨습니다.

사랑스러운 자매여, 나의 아내여, 상황이 이러하니 당신이 고통 중에도 주님 안에서 위로를 얻고 당신의 모든 일을 주의 손에 맡길 수 있기를 기도합니다. 그분은 과부의 남편이시며 고아의 아버지 되시니, 결코 당신을 떠나지 않으실 것을 확신합니다. 당신이 지금까지 항상 그래 왔던 것처럼 하나님을 경외하는 그리스도인으로서, 그대의 남편이 전한 것에 따라 하나님의 아들의 가르침을 당신의 삶과 말로써 존중하십시오. 또한, 당신이 항상 나를 사랑해 주었듯이 그대가 우리의 어린 자녀들에게도 그 사랑을 베풀어 주기를 바랍니다. 우리 자녀들에게 참하나님과 그의 아들 예수 그리스도에 대한 지식을 가르쳐 주세요. 당신이 어머니이자 아버지가 되어, 하나님이 그대에게 주신 아이들을 잘 돌보아 주길 바랍니다.

내가 죽어도 하나님께서 당신에게 은혜를 주실 것입니다. 어린아이들과 함께 과부로 살아가야 할 당신이지만, 당신이 매우 잘해 낼 수 있으리라 믿습니다. 혹시 너무 어렵고 도저히 살아 낼 방도가 없을 때는 신실하고 하나님을 경외하며 평판이 좋은 사람을 찾아가십시오. 기회를 봐서 친구들에게 당신을 돌보아 달라고 요청하는 편지를 보내 놓겠습니다. 그들은 결코 당신을 외면하지 않을 거예요. 주님께서 저를 데려가시면 당신은 이전의 삶으로 잘 돌아갈 수 있을 거예요. 너무 잘 자란 우리 딸 사라가 있잖아요. 우리 딸이 당신 곁에서 당신의 고통을 덜어 주며 시련 가운데 위로가 되어 줄 거예요. 우리 주님께서 당신과 항상 함께하실 것입니다.

우리의 소중한 친구들에게 나 대신에 인사를 전해 주며 저를 위한 기도를 부탁해 주세요. 하나님께서 저에게 힘을 주시기를, 지혜와 말들을 주시기를, 그래서 내 마지막 숨이 다할 때까지 하나님의 아들의 진리를 붙잡을 수 있기를 기도해 달라고 부탁해 주세요.

안녕, 캐서린. 나의 가장 좋은 친구여. 하나님께서 그대를 위로하시고 그의 선한 의지로 당신에게 만족을 주시기를 간구합니다. 혹시 하나님께서 기뻐하시는 일이라면 내가 아직 이 참담한 세상에 있을 동안에 당신을 위로하는 편지를 더 쓸 수 있기를 소망합니다. 이 편지로 나를 기억해 주십시오. 서툴지만 최선을 다해 이렇게 씁니다. 어머니께도 안부를 전해 주세요. 혹시 하나님이 허락하시면 어머니께도 편지를 쓸 수 있기를 바랍니다. 나의 사랑하는 자매여, 하나님의 위로가 당신의 고통 가운데 있기를 간절히 소망합니다. 평안이 넘치기를!

감옥으로부터. 1567년 4월 12일.
당신의 신실한 남편, 하나님의 아들로 인해 발랑시엔 감옥에 갇힌 자,
하나님의 말씀 사역자 귀도 드 브레.

부록 2.
귀도 드 브레 저술 연구 안내

벨직 신앙고백서의 저자 귀도 드 브레의 신학을 연구하는 일은 벨직 신앙고백서의 의미를 파악하는 데 필요하며, 초기 네덜란드 종교개혁의 신학을 이해하는 데도 필수적이다. 드 브레를 전공한 학자로서, 드 브레의 저술을 어떻게 연구할 수 있는지 간략한 안내를 제공하고자 한다.

1. 『기독교 신앙의 무기』(*Le baston de la foy chrestienne,* 1555-1565)

드 브레의 첫 저술 『기독교 신앙의 무기』의 초판은 1555년 리옹에서 출판되었고, 이후 1565년에 제네바에서 최종 판본이 출판될 때까지 수 차례 개정이 이루어졌다. 이 책은 로마 교회 사제의 공격에 맞서기 위해 교부들의 글과 성경 구절을 주제별로 모아 엮은 책이다. 그러나 단순한 '모음집'이 아니라 행간에 드 브레의 생각이 담겨 있고, 인용문들의 배열과 논증 방식을 통해 드 브레의 신학을 연구할 수 있기에 드 브레의 신학을 연구할 때 빼놓을 수 없는 책이다. 이 저술을 통해 연구자는 벨직 신앙고백서만으로는 깊이 파악할 수 없었던 드 브레의 신학을 심도 있게 연구할 수 있다.

1555년 초판의 본문을 지금까지는 위트레흐트 대학교(Utrecht University) 도서관에서 제공하는 사본을 통해서만 접할 수 있었지만, 최근 네덜란드 개신교신학대학교(PThU)의 교회사 교수인 빔 문(Wim Moehn)이 편집한 드 브레 전집에 1555년 초판 전문이 실리게 되어, 더욱 편리하게 접할 수 있게 되었다. 이 판본의 서지 정보는 다음과 같다.

- W. H. Th. Moehn (ed.)., *Le baston de la foy chrestienne*. Guy de Brès Oeuvres Complètes 1. Genève: Droz, 2024.

이 판본에서는 1555년 초판뿐 아니라, 드 브레가 아직 살아 있을 때에 마지막으로 출간되었기에 최종 판본이라 볼 수 있는 1565년 판본의 전문이 실려 있다. 그뿐 아니라 빔 문 교수는 드 브레가 인용하고 있는 교부들의 글의 출처를 모두 추적하여 제공하였다. 이를 통해 연구자는 드 브레가 교부의 글을 문맥에 맞게 인용하고 있는지, 혹은 어떤 의도에서 교부의 글을 가져왔는지, 더 나아가 당시 드 브레가 어떤 교부의 판본이나 번역본을 사용했는지 등을 연구할 수 있다.

그러나 빔 문 교수의 판본에는 1558/1년의 판본, 1558/2년의 판본, 그리고 1559년의 판본의 본문이 담기지 않았다. 각 개정본을 통해 드 브레의 신학적 변화와 발전에 관해 연구하기를 원하는 학자는 다음의 판본을 연구할 수도 있을 것이다.

- Guy de Brès, *Le baston de la foy chrestienne*. [Genève]: Nicolas Barbier and Thomas Courteau, 1558/1.
- Guy de Brès, *Le baston de la foy chrestienne*. [Genève]: Nicolas Barbier and Thomas Courteau, 1558/2.
- Guy de Brès, *Le baston de la foy chrestienne*. [Genève]: Nicolas Barbier and Thomas Courteau, 1559.

이러한 판본들의 분석을 통해 드 브레가 연구를 통해 어떻게 그의 저서를 발전시켰는지, 성도들의 손에 '최고의 무기'를 쥐여 주기 위해 어떤 노력을 했는지 연구할 수 있다.

2. 벨직 신앙고백서 (1561 / 1566)

벨직 신앙고백서는 네덜란드 개혁 교회의 표준 문서인 만큼 다양한 판본과 번역본을 어렵지 않게 구할 수 있다. 그러나 귀도 드 브레의 신학을 연구하기 위해서는 루앙(Rouen)에서 출판된 1561년 판본과 제네바에서 출판된 1566년 판본의 본문으로 연구하는 것이 적절하다. 1561년 초판의 본문은 1855년 줄-기욤 픽(Jules-Guillaume Fick)이 편집한 판본을 온라인 상에서 어렵지 않게 구할 수 있지만, 노이키르헤너(Neukirchener)에서 출간 중인 『개혁교회 신앙고백서』(*Reformierte Bekenntnisschriften*) 시리즈에 1561년 초판이 실려 있기에 벨직 신앙고백서의 초판을 연구하려면 이 시리즈의 본문과 1566년 제네바에서 출판된 본문을 사용하는 것이 적절하다. 서지 정보는 다음과 같다. 그러나 초판에 포함되었던 스페인 왕에게 보내는 편지와 위정자들을 향한 탄원서는 1561년 판본에서만 접할 수 있기에 줄-기욤 픽이 편집한 판본을 통해 확인해야 한다.

- Guy de Brès, *Confession de Foy*. Rouen, 1561; Jules-Guillaume Fick (ed.), Genève, 1855.
- Eberhard Busch (ed.), "Confessio Belgica von 1561." In Heiner Faulenbach, Eberhard Busch, Emidio Campi (eds.). *Reformierte Bekenntnisschriften*, 2/1: 1559-1563. Neukirchen-Vluyn: Neukirchener Verlag, 2009. 324-343.
- Guy de Brès, *Confession de Foy*. Genève, 1566.

3. 『가엾은 저지대 신자들을 위한 기도』(*Oraison au Seigneur*, 1564)

1564년, 드 브레는 『가엾은 저지대 신자들을 위한 기도』라는 소책자를 저술하여 배포하였다. 기도문의 형식으로 되어 있지만 개혁 교회를 박해하는 위정자들을 비판하며 하나님의 참된 교회를 핍박하는 것이 부당함을 호소하는 정치적 탄원서였다. 짧은 책이지만, 이 저술을 통해 드 브레가 생각하는 교회와 국가의 관계, 혹은 저지대 개혁 교회가 처한 정치적 현실을 연구할 수 있다. 이 글의 전문은 에밀 브라크만(É. M. Braekman)의 수고 덕분에 그의 책, 『귀도 드 브레 작품 선집』(*Guy de Bres: pages choisies*. Bruxelle: Société Calviniste de Belgique, 1967. 20-29)에서 현대 프랑스어로 접할 수 있다.

4. 안트베르펜 컨시스토리에 보내는 편지(*Au Consistoire De Capernaum*, 1565)

1565년 7월 10일, 드 브레는 안트베르펜 개혁 교회 컨시스토리(Consistory)에 루터파와의 동맹을 권면하는 편지를 보냈다. 이 편지는 당시 저지대 내에서 펠리페 2세에 대항하여 어떤 정치적 움직임이 일어나고 있었는지를 드러내 주는 귀중한 자료다. 유력한 상급 귀족이었던 오라녜 공(Willem van Oranje, 1533-1584)은 영향력 있는 목회자 드 브레를 불러 저지대 개혁 교회의 위기를 타개할 방법을 논의하고 그 해결책을 모색하였다. 이러한 맥락 속에서, 독일의 루터파와 동맹을 맺을 수만 있다면 스페인의 세력이 독일과 전면전을 벌이지 않는 한 저지대 개혁 교회 성도들을 더 이상 박해할 수 없을 것이라는 결론이 도출되었고, 드 브레는 이 취지에 공감하여 안트베르펜 개혁 교회에 루터파와의 동맹을 고심해 보자고 권면하는 편지를 보낸 것이다.

브뤼셀 왕립 아카이브에 보관 중인 이 자필 편지의 원문은 이어릭 더 부어(Erik A. de Boer)의 수고로 다음의 아티클에서 전문을 확인할 수 있다.

- Byunghoon Kang, "A Letter of Guy de Brès to the Consistory of Capernaum (Antwerp)." *Reformation & Renaissance Review* 23/2 (2021): 131-133.

5.『안트베르펜의 두 명의 신실한 순교자에 관한 이야기』

(*Histoire notable de la trahison et emprisonnement de deux bons et fideles personnages en la ville d'Anvers*, 1565)

1564년 7월, 저지대의 안트베르펜(Antwerpen)에서 활동하던 개혁파 설교자 두 사람이 붙잡혔다. 한 사람은 산 채로 화형을 당했고, 다른 한 사람은 간신히 풀려나 하이델베르크로 피신하였지만 결국 목숨을 잃었다. 이 두 사람의 순교 이야기가 플라망어(Flemish)로 기록되어 익명으로 출판되었는데, 드 브레가 이것을 프랑스어로 번역하였다. 개혁교회 성도들의 순교 이야기를 출판하여 박해받는 성도들을 위로하기 위해서였다.

이 저술을 연구하는 한 가지 방법은 원저작과 드 브레의 번역본의 차이를 연구하여 그 안에 드 브레의 어떤 신학적 의도가 담겨 있는지 탐구하는 것이다. 본문은 1614년 레이든(Leiden)에서 가브리엘 페린(Gabriel Perin)에 의해 출판된 판본을 활용할 수 있고, 플라망어의 원문은 Samuel Cramer and Fredrik Pijper (eds.), *Bibliotheca Reformatoria Neerlandica*, 8e deel ('s-Gravenhage: Nijhoff, 1911), 281-460에서 확인할 수 있다.

6.『재세례파의 뿌리와 기원 및 기초』

(*La racine, source, et fondement des Anabaptistes*, 1565)

드 브레의 저술 중 가장 방대한 책으로, 재세례파의 기원과 역사를 다루는 1부, 재세례파의 기독론적 오류를 반박하는 2부, 유아세례의 정당성을 논증하는 3부, 그리고 교회와 국가의 관계와 영혼 수면설 등에 대해 다루는 부록으로 이루어져 있다. 이 저술을 통해 드 브레의 기독론을 연구할 수 있고, 벨직 신앙고백서만으로는 알 수 없었던 드 브레의 세례론에 관해 깊이 탐구할 수 있다. 드 브레의 신학 연구에서 가장 중요한 저술이지만, 아직은 1565년 판본을 직접 다루는 것만이 유일한 연구 방법이다. 물론, 2011년 루트 피터만(Ruth Pieterman)에 의해 현대 네덜란드어로 번역된 판본(*De wortel, de oorsprong en het fundament van de wederdopers*)을 유용하게 사용할 수 있지만, 이 편집본은 드 브레가 직접 달지 않았던 소제목이 달려 있고, 단락 구분에도 편집자의 사견이 반영되어 있으므로 드 브레의 신학과 의도를 파악하기 위해서는 이 점에 유의해야 한다.

7. 『발랑시엔에서 일어난 일에 대한 선언서』(*Declaration sommaire du faict de ceux de la ville de vallenciennes*, 1566)와 『발랑시엔 개혁 교회의 탄원서』(*Remonstrance et supplication de ceus de l'Eglise reformée de la ville de Valencenes*, 1567)

1566년 여름, 저지대 내에서는 처음으로 개혁 교회의 예배가 허용되었지만, 저지대 전역에서 성상파괴운동이 벌어지고 개혁 교회는 또다시 박해의 대상이 되었다. 성상파괴운동과 그 진압 과정, 그리고 이것이 네덜란드 독립전쟁으로 전환되는 그 서사는 역사학자들에게 꽤나 많은 질문거리를 던져 주었고, 네덜란드의 학자들에게는 늘 '뜨거운 감자'처럼 다루어지는 주제들이다. 그 당시 드 브레는 저지대의 발랑시엔의 개혁 교회 목사로 섬기고 있었다. 드 브레도 성상파괴운동의 중심지에 있었으며 그 과정에서 발랑시엔이 반역의 도시로 공표되기에 이르렀고, 드 브레가 끝내 순교한 것도 발랑시엔이 진압당하는 과정에서 벌어진 일이었다. 1566년 12월과 1567년 1월에 발랑시엔 개혁 교회의 지도자로서 작성한 정치적인 탄원서들은 그 당시에 어떤 일들이 벌어지고 있었고, 드 브레는 무엇을 변호하려 했으며, 어떤 근거로 발랑시엔 개혁 교회를 지키려 했는지 알 수 있게 해 주는 귀중한 자료다. 이 글들은 람브레흐트 판 랑허라드(L. A. van Langeraad)의 책 부록에서 확인할 수 있다.

- Guy de Brès, *Declaration sommaire*. In L. A. Van Langeraad, *Guido de Bray, zijn leven en werken: bijdrage tot de geschiedenis van het ZuidNederlandsche protestantisme*. Zierikzee: S. Ochtman, 1884. CXI-CXIV.
- Guy de Brès, *Remonstrance et supplication de ceux de l'Eglise reformee de la Ville de Valencenes, sur le mandement de son Altesse, fait contre eux le 14. jour de Decembre 1566, 1567*. In L. A. Van Langeraad, *Guido de Bray, zijn leven en werken: bijdrage tot de geschiedenis van het Zuid-Nederlandsche protestantisme*. Zierikzee: S. Ochtman,

1884. XCVII-CVIII.

- Guy de Brès, *Requeste de ceus de l'eglise reformee de Valencenes, aus seigneurs et Gentilshommes confederez, pour presenter leur Remonstrance et Supplication à Messeigneurs les Chevaliers de l'ordre du Conseil d'estat. 1567*. In L. A. Van Langeraad, *Guido de Bray, zijn leven en werken: bijdrage tot de geschiedenis van het Zuid-Nederlandsche protestantisme*. Zierikzee: S. Ochtman, 1884. CIX-CX.

8. 『저지대 종교에 관해 벌어진 일들에 대한 조처』

(*Procedures Tenues*, 1568)

1567년 3월에 붙잡힌 드 브레는 5월 31일에 처형되기 직전까지 그의 성도들을 위해 펜을 들었다. 로마 교회 주교에게 직접 심문을 당해 보니 성도들에게 어떤 전략이 필요할지 몸소 깨닫게 되었기에 고단해도 그저 쉬고 있을 수 없었다. 그래서 어떻게 개혁 교회의 성찬을 변호해야 하는지, 어떻게 미사가 거짓 예배임을 논증할 수 있는지를 그의 성도들에게 알리기 위해 저술을 남겼다. 그의 이 저술들은 드 브레의 동료였던 장 크레스팽(Jean Crespin, 1520-1572)에 의해 드 브레 사후에 『저지대 종교에 관해 벌어진 일들에 대한 조처』라는 제목으로 편찬되었다. 이 책에는 아내와 어머니에게 보내는 편지도 각각 수록되어 있다.

이 저술을 통해 드 브레의 성찬론을 심도 있게 연구할 수 있으며, 드 브레가 자유자재로 사용하고 있는 교부들의 저작들을 추적해 볼 수도 있고, 아라의 주교 리샤르도(François Richardot, 1507-1574)와의 논쟁 기록을 통해 드 브레의 논증 방식을 분석해 볼 수도 있다. 무엇보다 『기독교 신앙의 무기』를 저술하여 언제든 심문을 받을 수 있는 그의 성도들을 위해 교부들의 글과 성경 구절로 무장시키기를 원했던 드 브레가 이제 직접 심문받는 상황이 되었을 때 얼마만큼 그의 의도대로 교부들의 글과 성경 구절을 사용하여 로마 교회 주교를 상대할 수 있었는지 이 저술을 연구함으로써 확인해 볼 수 있을 것이다. 『저지대 종교에 관해 벌어진 일들에 대한 조처』 전문은 다음의 책을 통해 접할 수 있다.

- Samuel Cramer and Fredrik Pijper (eds.), *Bibliotheca Reformatoria Neerlandica* 8. 's-Gravenhage: Nijhoff, 1911. 491-643.

먼저 드 브레를 연구해 본 학자로서, 앞으로 드 브레의 저술 연구가 활발하게 이루어져 벨직 신앙고백서의 의미를 더 깊이 이해하고, 종교개혁의 더 풍성한 유산을 향유하는 한국 교계가 되길 소망한다.

참고문헌

| 1차 자료 |

De Brès, Guy. *Confession de Foy*. In Eberhard Busch. "Confessio Belgica von 1561." In Heiner Faulenbach, Eberhard Busch, Emidio Campi (eds.). *Reformierte Bekenntnisschriften*, 2/1: 1559-1563. Neukirchen-Vluyn: Neukirchener Verlag, 2009. 324-343.

________. *Declaration sommaire*. In L. A. Van Langeraad, *Guido de Bray, zijn leven en werken: bijdrage tot de geschiedenis van het ZuidNederlandsche protestantisme*. Zierikzee: S. Ochtman, 1884. CXI-CXIV.

________. *La racine, source et fondement des anabaptistes*. Rouen: Abel Clemence, 1565.

________. *Le baston de la foy chrestienne*. Lyon, 1555.

________. *Oraison au Seigneur*. In É. M. Braekman, *Guy de Bres: pages choisies*. Bruxelle: Société Calviniste de Belgique, 1967. 20-29.

________. *Procedures Tenues a L'endroit de ceux de la Religion du Pais Bas*. In Samuel Cramer and Fredrik Pijper (eds.), *Bibliotheca Reformatoria*

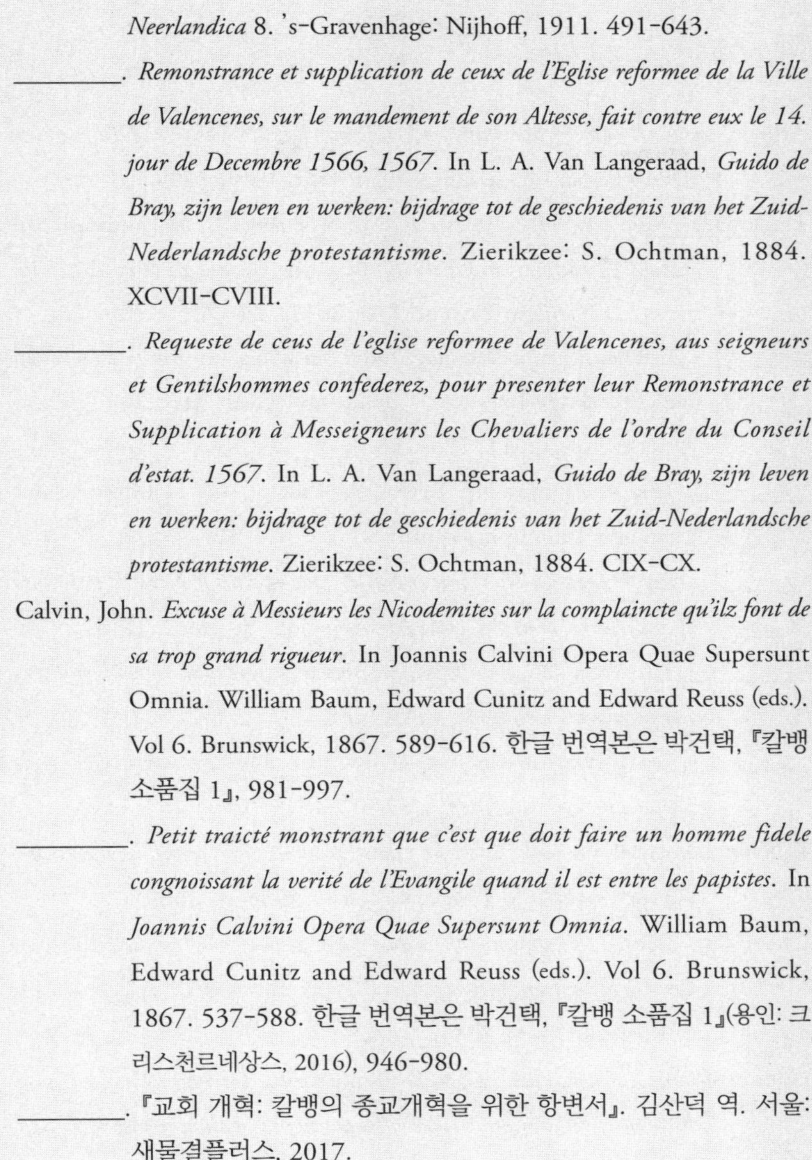

Neerlandica 8. 's-Gravenhage: Nijhoff, 1911. 491-643.

________. *Remonstrance et supplication de ceux de l'Eglise reformee de la Ville de Valencenes, sur le mandement de son Altesse, fait contre eux le 14. jour de Decembre 1566, 1567*. In L. A. Van Langeraad, *Guido de Bray, zijn leven en werken: bijdrage tot de geschiedenis van het Zuid-Nederlandsche protestantisme*. Zierikzee: S. Ochtman, 1884. XCVII-CVIII.

________. *Requeste de ceus de l'eglise reformee de Valencenes, aus seigneurs et Gentilshommes confederez, pour presenter leur Remonstrance et Supplication à Messeigneurs les Chevaliers de l'ordre du Conseil d'estat. 1567*. In L. A. Van Langeraad, *Guido de Bray, zijn leven en werken: bijdrage tot de geschiedenis van het Zuid-Nederlandsche protestantisme*. Zierikzee: S. Ochtman, 1884. CIX-CX.

Calvin, John. *Excuse à Messieurs les Nicodemites sur la complaincte qu'ilz font de sa trop grand rigueur*. In Joannis Calvini Opera Quae Supersunt Omnia. William Baum, Edward Cunitz and Edward Reuss (eds.). Vol 6. Brunswick, 1867. 589-616. 한글 번역본은 박건택, 『칼뱅 소품집 1』, 981-997.

________. *Petit traicté monstrant que c'est que doit faire un homme fidele congnoissant la verité de l'Evangile quand il est entre les papistes*. In *Joannis Calvini Opera Quae Supersunt Omnia*. William Baum, Edward Cunitz and Edward Reuss (eds.). Vol 6. Brunswick, 1867. 537-588. 한글 번역본은 박건택, 『칼뱅 소품집 1』(용인: 크리스천르네상스, 2016), 946-980.

________. 『교회 개혁: 칼뱅의 종교개혁을 위한 항변서』. 김산덕 역. 서울: 새물결플러스, 2017.

| 2차 자료 |

Arnade, Peter. *Beggars, iconoclasts, and civic patriots: the political culture of the Dutch Revolt.* Ithaca: Cornell University Press, 2008.

Braekman, Emile M. "Histoire Notable (Een opmerkelijke geschiedenis)." In Emile Braekman and Erik A. de Boer (eds.). *Guido de Bres: zijn leven, zijn belijden*. Utrecht: Kok, 2011. 220-224.

________. "In Dienst van de Kerken Onder het Kruis." In Emile Braekman and Erik A. de Boer (eds.). *Guido de Bres: zijn leven, zijn belijden.* Utrecht: Kok, 2011. 184-198.

________. *Guy de Bres: Sa vie*. Bruxelles: Editions de la Librairie des Eclaiteurs Unionistes, 1960.

________. *Guy de Brès: un réformateur en Belgique et dans le Nord de la France (1522-1567)*. Mons: Cercle Archéologique de Mons, 2014.

________. "La descendance de Guy de Brès à Sedan." *Société d'histoire et d'archéologie du sedanais* 30 (2012). 5-11.

________. "Les éditions du *Baston de la Foy chrestienne.*" *Revue d'histoire et de philosophie religieuses* 56/3 (1976): 315-345.

Bruening, Michael W. *Calvinism's first battleground: conflict and reform in het Pays de Vaud, 1528-1559*. Dordrecht: Springer, 2005.

Christman, Victoria. *Pragmatic toleration: the politics of religious heterodoxy in early Reformation Antwerp, 1515-1555*. Rochester, NY: University of Rochester Press, 2015.

Commission de l'histoire des Eglises Wallonnes (ed.). *Livre Synodal contenant les articles résolus dans les Synodes des Eglises wallonnes des Pays-Bas*. Tome I: 1563-1685. La Haye: Martinus Nijhof, 1896.

Crespin, Jean. *Histoire des martyres: persecutez et mis a mort pour le vérité de l'evangile, depuis le temps des apostres jusques a present (1619)* 3. Toulouse: Sociéte des Livres Religieux, 1889.

Crousaz, Karine. *L'Académie de Lausanne entre humanisme et Réforme (ca. 1537-1560).* Leiden: Brill, 2012.

De Boer, Erik. A. "Guy de Brès's *Le baston de la foy chrestienne:* from personal notebook to patristic anthology (1555-1565)." *Zwingliana* 40 (2013): 73-99.

________. "The Articles on Scripture in the Confessio Belgica and in Le Baston de la foy chrestienne." In Peter J. Tomson, Andreas J. Beck, and Erik de Boer (eds.), *The Confessio Belgica at 450.* Analecta Bruxellensia 15 (2012), 105-122.

________. *The Genevan school of the prophets: the "congrégations" of the Company of Pastors and their influence in 16th century Europe.* Genève: Droz, 2012.

Duke, Alastair. "The 'Inquisition' and the Repression of Religious Dissent." In Judith Pollmann and Andrew Spicer (eds.). *Dissident Identities in the Early Modern Low Countries.* Farnham, England; Burlington, Vt.: Ashgate Publishing, 2009. 99-118.

Duplessis, Robert S. *Lille and the Dutch Revolt: Urban Stability in an Era of Revolution: 1500-1582.* Cambridge: Cambridge University Press, 1991.

Ehlers, Corinna. *Konfessionsbildung im Zweiten Abendmahlsstreit (15521558/59).* Tübingen: Mohr Siebeck, 2021.

Gilmont, Jean-François, "La publication et la diffusion de la Confession Belgica." In Peter J. Tomson, Andreas J. Beck, and Erik de Boer (eds.), *The Confessio Belgica at 450*. Analecta Bruxellensia 15 (2012), 41-50.

________. "Premières éditions françaises de la Confessio belgica (1561-1562)." *Quaerando* 2/3 (1972): 175-181.

Gootjes, Nicolaas H. *The Belgic Confession: Its History and Sources*. Grand Rapids: Baker, 2007.

Hallmark, R. E. "Defenders of the Faith: The Case of Nicole Grenier." *Renaissance Studies* 11/2 (1997): 123-140.

Hiebsch, Sabine. "The Coming of Age of the Lutheran Congregation in Early Modern Amsterdam." *Journal of Early Modern Christianity* 3/1 (2016): 1-29.

Israel, Jonathan Irvine. *The Dutch Republic: its rise, greatness, and fall, 1477-1806*. Oxford: Clarendon Press, 1995.

Kang, Byunghoon. "A Letter of Guy de Brès to the Consistory of Capernaum (Antwerp)." *Reformation and Renaissance Review* 23/2 (2021): 117-133.

________. *Guy de Brès on the Lord's Supper: as the Focus of his Ministry and Theology*. Nederlandse Kerkhistorische Reeks 6. Kampen: Summum, 2023.

Knetsch, F. R. J. "Church Ordinances and Regulations of the Dutch Synods Under the Cross (1563-1566) Compared with the French (15591563)." In James Kirk (ed.), *Humanism and reform: the church in Europe, England and Scotland, 1400-1643: essays in honour of James K. Cameron*. Oxford: Blackwell, 1991. 187-203.

Kooi, Christine. *Reformation in the low countries, 1500-1620*. Cambridge, United Kingdom; New York, NY: Cambridge University Press,

2022.

Korteweg, P. *Guido de Brès (1522-1567)*. Barneveld: Koster, 2010.

Lindeboom, Johannes. "Een Gebed van Guy de Brès." *Nederlands archief voor kerkgeschiedenis* 20 (1927): 161-178.

Mahieu, Eric. "Le Protestantisme à Mons, des Origines à 1575." *Annales du Cercle Archéologique de Mons* 66 (1967): 129-247.

Marnef, Guido. *Antwerp in the Age of Reformation: Underground Protestantism in a Commercial Metropolis (1550-1577)*. J. C. Grayson (transl.). Baltimore: Johns Hopkins University Press, 1996.

Meylan, Henri. *La Haute École de Lausanne 1537-1937: Esquisse historique publiée à l'occasion de son quatrième centenaire*. 2nd edition. Lausanne: Universitè de Lausanne, 1986.

Moreau, Gèrard. *Histoire du Protestantisme à Tournai jusqu'à la veille de la Révolution des Pays-Bas*. Paris: Les Belles Lettres, 1962.

Ollier, Daniel. *Guy de Brès: Étude historique sur la réforme au Pays Wallon (1522-1567)*. Paris: Fischbacher, 1883.

Pettegree, Andrew. *Foreign Protestant communities in sixteenth-century London*. Oxford: Clarendon Press, 1986.

Pettegree, Andrew. and Walsby Malcolm. *French Vernacular Books: Books Published in the French Language Before 1601*. 2 Volumes. Leiden: Brill, 2007.

Selderhuis, Herman J. "Martin Luther in The Netherlands." *Reformation & Renaissance Review* 21/2 (2019): 142-153.

Sheats, R. A. *Pierre Viret: the angel of the reformation*. Tallahasee, FL: Zurich Publishing, 2012.

Springer, Michael S. *Restoring Christ's church: John a Lasco and the forma ac ratio*. Aldershot, Hants, England; Burlington, VT: Ashgate, 2007.

Van der Lem, Anton. *De opstand in de Nederlanden 1568-1648: de Tachtigjarige Oorlog in woord en beeld*. Nijmegen: Uitgeverij Vantilt, 2014.

Van Langeraad, L. A. *Guido de Bray, zijn leven en werken: bijdrage tot de geschiedenis van het Zuid-Nederlandsche protestantisme*. Zierikzee: S. Ochtman, 1884.

Verheyden, A. L. E. *Anabaptism in Flanders 1530-1650*. Scottdale, PA: Herald Press, 1961.

강민. 『요하네스 아 라스코: 개혁주의 교회법의 토대를 놓다』. 서울: 익투스, 2019.

강병훈. "귀도 드 브레(Guy de Brès, 1522-1567)의 유아세례론." 「한국개혁신학」 82 (2024): 128-161.

______. "귀도 드 브레(Guido de Brès, 1522-1567)의 재세례파 반대의 이유: 『재세례파의 뿌리와 기원 및 기초』(*La Racine*)를 중심으로." 「한국개혁신학」 75 (2022): 64-99.

______. "네덜란드 성상파괴운동(1566)에 대한 귀도 드 브레의 입장." 「한국개혁신학」 80 (2023): 178-207.